王雪松 等 著

新经济

基于交易结构的案例分析

并购实战

东北财经大学出版社 大 连
Dongbei University of Finance & Economics Press

图书在版编目（CIP）数据

新经济并购实战：基于交易结构的案例分析 / 王雪松等著．—大连：
东北财经大学出版社，2023.11
ISBN 978-7-5654-4969-7

Ⅰ.新…　Ⅱ.王…　Ⅲ.上市公司-企业兼并-研究-中国　Ⅳ.F279.246

中国国家版本馆CIP数据核字（2023）第198304号

东北财经大学出版社出版
（大连市黑石礁尖山街217号　邮政编码　116025）
网　　址：http：//www.dufep.cn
读者信箱：dufep@dufe.edu.cn
大连图腾彩色印刷有限公司印刷　东北财经大学出版社发行
幅面尺寸：170mm×240mm　　字数：196千字　　印张：12.25
2023年11月第1版　　　　　2023年11月第1次印刷
责任编辑：李　季　赵宏洋　　　　　责任校对：惠恩乐
封面设计：张智波　　　　　　　　　版式设计：原　皓
定价：59.00元

教学支持　售后服务　联系电话：（0411）84710309
版权所有　侵权必究　举报电话：（0411）84710523
如有印装质量问题，请联系营销部：（0411）84710711

序

党的二十大报告指出，高质量发展是全面建设社会主义现代化国家的首要任务。在新发展阶段，并购重组作为典型的市场配置资源的领域，正以前所未有的活力成为供给侧结构性改革的重要手段，在推动上市公司质量方面发挥着不可替代的作用。新经济上市公司是经济高质量发展的重要引擎，是"加快构建新发展格局，着力推动高质量发展"的主体市场力量。并购重组是新经济上市公司重要的发展途径，利用并购获取新技术、新产品及高技术人才等核心发展要素，成为新经济企业保持行业领先地位的竞争发展战略。

注册制改革改变了发行上市、并购重组的监管体制，在中国资本市场发展中具有里程碑意义。以信息披露为核心的注册制理念，完善和重构了并购重组的各层级制度体系，通过精简优化发行条件、细化操作规则、增加制度包容性等，提供了公开透明的运行方式、市场化的定价机制、健全的融资功能，提高了上市公司并购重组的自主性和便利度，助推并购重组市场呈现新活力。资本市场不断提升并购交易的效率，进一步激发了新经济上市公司群体通过并购重组整合技术能力、发展壮大的需求。

近年来，在推动上市公司高质量发展和全面注册制实施的历史进程下，中国上市公司协会加大了对并购重组领域的服务和支持。一是围绕"产业重组、整体上市、风险化解、跨境并购"四大主题，启动了资本市场并购重组经典案例评选活动，为上市公司开启通过市场化并购重组实现高质量发展提供了展示窗口；二是成立并购融资专业委员会，通过开展专项研究、搭建交流平台，为资本市场并购重组的制度建设、理论创新、规范发展贡献专业力量，发挥资本市场并购重组主渠道作用，支持上市公司通过并购重组做优做强。

本书来自中国上市公司协会的一项课题研究，该课题被评为"中国上市公司协会2022年度重点研究成果"。在课题基础上，作者又做了进一步拓展和延伸，使内容更为详尽丰富。本书研究揭示，相较于传统行业，新经济企业在并购交易方案设计时呈现出诸多不同，例如在业绩承诺设定上更具有灵活性和多样性，在选取并购标的时对其人力资源价值重视程度较高，将对标的的管控能力纳入关键考虑因素等。同时，相较于传统行业，新经济企业的并购风险表现得更加突出，如标的稀缺性引发竞购风险，外部宏观环境的变化使得交易机会的产生具有特殊性，新经济并购标的自身在技术路线和商业化方面具有不确定性，以及存在着更为显著的估值定价风险等。

　　本书从近些年新经济行业的经典并购案例出发，从交易方案设计、风险管理、政策监管等多个维度，揭示了新经济企业并购重组的特点及发展趋势，是从理论和实务角度研究中国新经济领域上市公司并购重组的有益探索。对从事并购重组领域理论、实践及政策研究的从业者和读者，具有较大的启发价值。

孙念瑞

中国上市公司协会副会长

前言

在并购重组的长期研究中,我们注意到,对新经济并购重组这个主题,鲜有系统和深入的研究。究其原因,不外乎两点:其一,这个领域比较新,还没有建立起科学的研究分析框架,同时也缺乏成熟的理论支撑;其二,与以传统工业为支柱产业、以自然资源为主要依托的旧经济不同,新经济以高技术产业为支柱、以智力资源为主要依托,新经济的价值增长方式,表现出高盈利能力、高效率、高经济效益以及非线性发展的突出特征,体现在并购重组上,也存在着本质的不同,对于新经济并购的研究,需要长期积累和总结,难以一蹴而就。

而实践中,新经济企业并购重组连续发生,对经济高质量发展产生了越来越重要的作用,对研究产生了迫切需求。基于此背景,2022年年初,中国上市公司协会发布研究课题,我们申报了"新经济企业并购案例"项目,由此展开了对新经济企业并购重组的系统研究。课题结题后,我们有幸获评为"中国上市公司协会2022年度重点研究成果",并排在重点研究成果的第一位。为了对新经济行业上市公司并购实务提供更多的借鉴,在课题研究的基础上,我们对内容又做了较多拓展,扩充了研究案例的相关背景、交易结构要素背后的法律依据及市场实践,以及我国对并购重组不同时期的监管逻辑,最终完成了本书的撰写。

我们的研究聚焦于交易方案设计和并购风险管理两个维度,我们认为,新经济上市公司并购重组的交易结构设计日趋复杂,交易方案对并购价值的创造和实现产生较大影响,由此也给相关的并购风险防范与控制带来较高要求,尤为值得重点研究。本研究力争解决两个问题:一是重点关注新经济企业的并购特征及其独特的并购风险,填补针对新经济并购研究的空白;二是从整体和综合角度衡量交易结构的设计,对涉及新经济交易结构的各因素、各维度进行深入分析。

我们以新经济行业属性、并购实施进展、交易方案的复杂度和代表性作为案例选择标准,以2017年以来新经济行业上市公司主导实施的2 000余宗并购重组案例作为筛选范围，共精选出 8 宗案例，作为具体的研究对象。研究中，我们采用了文献阅读、上市公司公告信息分析与调研访谈相结合的研究方式。研究内容不涉及上市公司的非公开信息。

随着研究的逐步开展，我们认识到，新经济企业的并购存在着自身的特殊性，需要深入研究其呈现的规律和特征，持续性、系统性探究新经济企业并购案例中的成功经验和教训；新经济企业的并购也面临着较多困难与风险，既与新经济非线性发展的突出特征相关，也与企业对并购重组领域的熟悉程度有关。新经济企业并购实践和研究，需要企业家、资本市场专家、学者以及政府部门等各个方面更多的关注重视和支持帮助。

研究过程中，我们得到了企业家、资本市场专家、学者和主管部门领导和同事们的指导和帮助。得益于中国上市公司协会的大力协调和支持，我们有机会对多位企业高级管理人员展开了深度访谈，具体包括：晶澳太阳能科技股份有限公司董事会秘书武廷栋、闻泰科技股份有限公司证券事务代表包子斌、深圳市汇川技术股份有限公司战略并购专家陈培正。课题的指导专家，诚通基金管理有限公司党委书记苗卿华老师，对课题给予了充分的指导；实际参与并购重组交易的华泰联合证券、国泰君安证券提出了很多专业意见；中关村并购母基金的专家对我们了解实务操作提供了很多帮助。此外，中国上市公司协会学术顾问委员会的专家们提出了中肯的指导意见；中国上市公司协会的张辉老师在我们的调研访谈中，给予了大力支持；我们的业务主管单位北京市科学技术委员会、中关村科技园区管理委员会也给予了长期的指导和支持。在此，我们对上述机构和个人表示衷心的感谢。

我们真诚地希望本书能够为我国新经济企业实施并购提供借鉴和参考，丰富和拓展我国上市公司在并购实务操作方面的研究成果。我们也会在新经济并购重组领域持续深耕研究下去，未来，我们会推出更多有价值、接地气的作品。

王雪松

中关村大河并购重组研究院院长

● 目录 ●

① 研究背景

1.1 概念内涵

1.1.1 新经济概念的产生

"新经济"的概念最早出现在美国《商业周刊》1996年发表的一组文章中，是指经济全球化背景下，由信息技术革命驱动、以高新科技产业为龙头的经济体系。其以高技术产业为支柱，以智力资源为主要依托，是区别于以传统工业为支柱产业、以自然资源为主要依托的新型经济。

Scott（2016）提出新经济是以知识经济为基础，由新技术革命引起的经济增长方式、经济结构以及经济运行规则等的变化。钞小静（2020）认为新经济是以信息技术发展为核心驱动力所衍生形成的各种新型经济形态的有机结合体，并且随着发展过程的演进，新经济的理论内涵呈现出更加丰富多维的业态表现。

到目前为止，研究机构和理论界对新经济的界定仍然处于探索阶段，尚未形成一个国际社会普遍接受的、通用的、统一的评价标准。国际上，美国信息技术和创新基金会①将新经济判定为依靠知识和创新获得的增长，从知识工作者就业、全球化贸易、经济活力、数字经济和创新能力五个维度建立了美国新经济指数；欧盟新经济统计信息系统认为测度新经济需要充分考虑新经济中信息通信技术应用的问题，因此主要从 ICT 与全球化、宏观经济等六个方面建立欧盟新经济统计指标体系。

1.1.2 我国新经济的内涵

我国一直高度重视新经济的发展，新经济在我国产业转型升级过程当中发挥了

---

① 参见美国信息技术和创新基金会（ITIF）《2020年国家新经济指数》报告。

十分重要的作用。2014年，习近平总书记在国际工程科技大会上指出，世界正在进入以信息产业为主导的新经济发展时期，"新经济"的概念首次在国家层面得到重视。2016年，"新经济"首次被写入政府工作报告，李克强总理将其解读为"新技术、新产业、新业态"。党的十九届五中全会、《中华人民共和国国民经济和社会发展第十四个五年规划和2035年远景目标纲要》、2021年政府工作报告等多次强调要催生新产业、新业态、新模式，壮大经济发展新引擎，加快新经济发展成为形成我国高质量发展合力的重要发力点。

根据经济学理论，柯布-道格拉斯生产函数定义生产是资本输入（K）、人力输入（L）和研发输入（R）的输出结果，三者的输入实现了生产力和企业增长。在此维度下，我国的研究机构，对新经济做了进一步分析，并形成了新经济指标体系。例如，财智BBD中国新经济指数从高端劳动力投入、优质资本投入与科技和创新投入等维度建立指标体系反映中国新经济的活跃程度。还有研究者进一步认为，注重研究开发投入和实施股票期权激励是新经济企业的两大显著特点，新经济行业具有人才密集特点驱动的"强激励"模式，表现为股权激励比重高、股权激励人数多。中国社会科学院工业经济研究所学者从创新能力、全球化、绿色化、数字化、网络化和智能化六个维度建立新经济指数对二十二国之间的新经济发展水平进行横向对比，将新能源、软件、大数据、通信、3D打印、芯片制造、机器人、云计算、人工智能等列入新经济行业评价体系。

2018年，中国国家统计局将"新经济"的内涵表述为区分于旧经济的"新产业"、"新业态"与"新商业模式"，其中，新产业指应用新科技成果、新兴技术而形成一定规模的新型经济活动，具体表现为：一是新技术应用产业化直接催生的新产业；二是传统产业采用现代信息技术形成的新产业；三是由于科技成果、信息技术推广应用，推动产业的分化、升级、融合而衍生出的新产业。新业态指顺应多元化、多样化、个性化的产品或服务需求，依托技术创新和应用，从现有产业和领域中衍生叠加出的新环节、新链条、新活动形态，具体表现为：一是以互联网为依托开展的经营活动；二是商业流程、服务模式或产品形态的创新；三是提供更加灵活、快捷的个性化服务。新商业模式指为实现用户价值和企业持续盈利目标，对企业经营的各种内外要素进行整合和重组，形成高效并具有独特竞争力的商业运行模式，具体表现为：一是将互联网与产业创新融合；二是把硬件融入服务；三是提供消费、娱乐、休闲、服务的一站式服务。

中国国家统计局印发的《新产业、新业态、新商业模式专项统计报表制度（2021）》基于知识能力、经济活力、创新驱动、网络经济、转型升级、发展成效六个维度建立了中国经济发展新动能指数，以评价中国新经济发展情况，将现代农林牧渔业、先进制造业、新型能源活动、节能环保活动、互联网与现代信息技术服务、现代技术服务与创新创业服务、现代生产性服务活动、新型生活性服务活动、现代综合管理活动列入"三新"大类，并将战略性新兴产业、高技术产业、电子商务确定为"三新"经济重点领域，见表1-1。

表1-1　　　　　　　　　　　中国经济发展新动能指数

维度	细分项目	计量单位
知识能力	经济活动人口中硕士及以上学历人数比例	%
	四上企业从业人员中专业技术人员占比	%
	非信息部门信息人员比重	%
	R&D人员折合全时当量	人年
	高技能人才占技能劳动者比例	%
经济活力	新登记注册市场主体数量	万户
	科技企业孵化器数量	家
	国家高新技术开发区企业单位数	个
	创业板、新三板挂牌公司数量	个
	实际使用外资金额	亿美元
	对外直接投资额	亿美元
	快递业务量	万件
创新驱动	R&D经费支出与GDP之比	%
	企业R&D经费	亿元
	科技企业孵化器内累计毕业企业数	个
	每万名R&D人员专利授权数	件
	技术市场成交合同金额	亿元
	风险投资额	亿元

续表

维度	细分项目	计量单位
网络经济	固定互联网宽带接入用户数	万户
	移动互联网用户数	万户
	固定宽带平均接入速率	KB/S
	移动互联网接入流量	万GB
	电子政务服务企业营业收入	万亿元
	电子商务平台交易额	万亿元
	跨境电子商务交易额	万亿元
	实物商品网上零售额占社会消费品零售总额的比重	%
	网购替代率	%
	农业信息化率	%
	互联网支付交易金额	万亿元
转型升级	战略性新兴产业增加值占GDP比重	%
	高技术制造业增加值占规模以上工业增加值比重	%
	新服务企业营业收入	亿元
	农业产业化经营组织数量	个
	通过电子商务交易平台销售商品或服务的四上企业个数占比	%
	高技术产品出口额占出口总额的比重	%
	单位GDP能耗降低率	%
	主要污染物排放总量降低率	%
发展成效	科技进步贡献率	%
	新产业、新业态、新商业模式增加值相当于GDP比率	%

资料来源：中国国家统计局。

1.2 研究对象与研究范围

根据中国国家统计局对新经济的内涵表述及指标维度，参考国内外研究机构对新经济评价分析指标体系，结合当前我国新经济发展的时代背景和现实依据，本书将新经济企业并购案例研究的对象及范围做了如下界定：

将新技术、新产品、新业态、新产业等代表时代先进生产力的新型经济结构和经济形态划分为新经济行业。参考中国国家统计局印发的《新产业、新业态、新商业模式专项统计报表制度（2021）》及其对战略性新兴产业的分类依据，研究案例将重点聚焦新一代信息技术、新能源和高端装备制造三大产业。新经济企业是指主营业务符合战略性新兴产业或者高新技术产业的发展方向，不断加大创新投入力度，优化人才结构，研发新技术、探索新知识、聚集新产业、凝聚新业态、打造新平台，最终实现创新驱动战略的企业。

新经济行业上市公司需要符合上述新经济产业方向，且至少具备高端劳动力投入、优质资本投入、高科技和创新投入三个属性中的两者。其中以上市公司研发人员数量占比或已实施/计划实施股权激励计划作为高端劳动力投入的衡量依据；以上市公司研发强度作为高科技和创新投入的衡量依据；因龙头企业多拥有畅通的融资渠道，因此以上市公司所处行业地位作为优质资本投入的衡量依据。

在时间跨度上，将2011年以来我国境内新经济行业上市公司主导发起及实施的并购交易，作为本次课题的研究对象。

在并购类型上，立足并购交易时控制权变更的角度，考虑到收购方并表及经营管理的需要，重点关注取得收购标的控制权（即收购方对标的公司持股比例在50%及以上）的并购行为。

在研究内容方面，课题聚焦于交易方案设计和并购风险管理。笔者认为，注册制下上市公司优胜劣汰效应将持续显现，新经济的快速发展也加速了新经济上市公司整体的并购重组需求。实践中，与传统产业并购相比，新经济上市公司并购重组呈现出诸多不同，值得深入研究，特别是交易类型和对价确定及调整、支付方式及交易结构，交易方案对并购价值的创造和实现产生较大影响，由此也对相关的并购风险防范与控制带来较高要求，尤为值得重点研究。本书以交易时的宏观环境和资本市场环境、交易方案的特殊性作为案例选择标准，力争多角度、差异化地呈现研究结论，以期增加研究成果的丰富性。

综上，本书选择了如下8宗案例进行深度分析，其中对收购方是否具有"新经济"属性的评价见表1-2。

表1-2 案例中收购方具有"新经济"属性的评价依据

并购案例	收购方所属新经济产业方向①	收购方研发强度②	收购方研发人员数量占比③	收购方是否实施股权激励计划	收购方所处行业地位
韦尔股份收购北京豪威	新一代信息技术	10.7300	46.6400	是	CIS芯片龙头企业
闻泰科技收购欧菲光特定客户摄像头业务	新一代信息技术	6.2200	21.8750	是	全球智能手机ODM领域龙头企业
北京君正收购北京矽成	新一代信息技术	13.5050	60.5350	是	汽车存储芯片领军企业
汇川技术收购贝思特	高端装备制造	9.1400	20.2750	是	工业自动化龙头企业
晶澳科技借壳天业通联④	新能源	6.1000	7.1700	是	光伏组件龙头企业
TCL科技收购中环集团	新一代信息技术	6.9450	16.4850	是	半导体显示龙头企业
亨通光电收购华为海洋	新一代信息技术	4.6650	19.7550	否	光纤光缆行业龙头企业
雅克科技收购UP Chemical	新一代信息技术	3.1250	16.0800	否	半导体材料龙头企业

注：①在本书中，除晶澳科技借壳对象天业通联所在行业属于传统行业，其他标的均属于新经济行业。

②收购方研发强度选取2020年及2021年平均水平。

③收购方研发人员数量占比选取2020年及2021年平均水平。

④反向收购是一种特殊的企业合并，在形式上由上市主体发行权益性工具"购买"非上市主体，而实质上"被购买"的非上市主体通过权益互换反向取得上市主体的控制权。本书在选取晶澳科技借壳天业通联的案例时，考虑到交易完成后，上市公司通过向晶澳太阳能发行股票的方式使晶澳太阳能的控股股东晶泰富成为上市公司的控股股东，即晶澳太阳能的控股股东将优质资产注入天业通联，故认为其属于反向购买的交易类型。因此，本研究将"被购买"的非上市公司晶澳太阳能视为实际购买方。

资料来源：Choice。

此外，此前大部分的研究用并购完成后上市公司阶段性股价的涨跌、对赌协议指标完成度来衡量成功与否，且多采用实证研究的方式。一方面，上市公司股票二级市场的表现与较多因素有关，如原有业务的发展、宏观环境的走势、行业周期的变化、股东的减持等，以此来衡量并购的成功与否相对单一有限。另一方面，并购的目的是多元化的，如进入新的业务领域、产业链上下游整合、提高行业集中度、消灭竞争对手等，且需要以短中长不同周期维度来综合评判单一并购的绩效反应，就新经济上市公司而言，上述衡量成功与否的标准不仅无法简单量化，也需要更长的时间周期来观察。基于此，本研究未将并购绩效作为主要研究内容。

1.3 研究方法

1.3.1 文献研究法

文献研究阶段，本研究首先对传统并购理论进行了梳理，一方面，对包含支付方式、融资方式、业绩承诺安排、收购方式等交易结构设计关键要素的国内外文献分类综述，对研究结论和分析工具进行总结，构建了本书并购交易结构设计方面的研究框架；另一方面，本书也对与并购风险管理相关的外部交易环境、估值定价安排的国内外文献进行了分类综述，厘清了并购风险的表现及影响因素，明确了本书并购风险管理方面的研究依据。

其次，围绕选择的8宗新经济企业并购案例，本书基于新经济企业在并购交易方案设计和并购风险方面表现出的特点，从这些角度对新经济企业在并购重组方面的国内外文献进行了补充和提炼，为案例分析提供指导和增强本书理论体系的严谨性。

1.3.2 案例研究法

案例研究阶段，本书开展了对8宗并购交易案例的具体分析，主要研究内容包括交易结构设计和并购风险管理两个方面，具体而言：一是立足并购交易结构设计的角度，从估值定价、资金筹措、支付工具、业绩承诺、收购方式等多个维度展开研究，以总结和探讨新经济企业并购的突出特征；二是关注并购交易风险，从外部因素如宏观环境、资本市场政策、其他竞购方关注度，及内部因素如主并方竞购实力、标的自身特殊性等多个维度展开分析，以梳理和论证新经济企业面临的并购风险的突出表现。

1.4 研究意义与研究成果

与依赖土地、劳动发展的旧经济相比，新经济企业的价值驱动在于大量知识资本和人力资本的投入，其发展源泉在于科技创新能力。新经济企业的增长逻辑，使其表现出高盈利能力、高效率、高经济效益、非线性发展的突出特征。基于此，利用并购获取新技术、新产品及高技术人才等核心发展要素，成为新经济企业保持行业领先地位的企业竞争发展战略。刘凤芹，苏美丽（2022）以2010—2018年战略性新兴产业上市公司数据为样本，实证检验了不同条件下技术并购和自主研发对战略性新兴产业突破性创新的差异性影响。结果显示，首先，在时间维度上，短期内，我国战略性新兴产业的创新能力尚未达到国际前沿水平，因此技术并购比自主研发更能实现突破性技术发展；长期来看，自主研发才是根本途径。其次，企业性质上，当企业市场势力或技术基础较强时，相较自主研发，技术并购更能在短期内促进战略性新兴产业突破性创新能力的提升。

但是，新经济企业的并购研究是一个重要但鲜被关注的课题。现有研究一是以全行业上市公司为样本，专门针对新经济并购的研究不足，没有关注新经济企业的并购特征及其独特的并购风险，对新经济行业上市公司并购实务的借鉴作用有限；二是大多数学者是对交易结构设计进行某一维度的探讨，主要从理论层面展开论证，对综合交易结构各因素从整体角度考虑如何设计交易结构的研究不足。

本研究旨在立足并购交易角度，梳理我国境内新经济行业上市公司参与并购的关键操作步骤，总结新经济企业的并购特征和并购风险，探究新经济企业并购的成功经验和失败教训。本研究可为我国新经济企业实施并购提供借鉴意义，丰富和拓展关于我国上市公司在并购实务操作方面的研究成果。

目前，基于选取的8宗新经济行业上市公司并购案例，本书以并购交易和并购风险为主题，在前述理论体系上进行了有针对性地提炼和总结。本研究认为，区别于传统行业，新经济企业在并购交易方案设计时具有如下突出特点：在业绩承诺设定上更具有灵活性和多样性，在选取并购标的时对其人力资源价值重视程度较高，标的的稀缺性推高了交易对价、并进一步对收购方的资金筹措能力提出了更高的要求，也使得收购方在设计交易方案时将标的管控能力纳入了关键考虑因素。相较于传统行业，本研究认为，新经济企业的并购风险在以下方面表现更加突出：标的稀缺性带来的竞购风险，外部宏观环境的变化使得交易背景具有特殊性，新经济并购标的自身在技术路线和商业化方面存在不确定性，以及存在着更为显著的估值定价风险。

② 并购重组传统理论文献综述

2.1 并购重组中交易方案设计的相关研究

国内外学者围绕并购交易方案设计问题从支付方式、融资方式、业绩承诺安排、收购方式等角度进行了大量研究，现有文献主要研究观点如下：

2.1.1 支付方式

基于支付方式与股权集中度的维度，国内外文献基本认同主并方控股股东持股比例接近绝对控股或持股比例高度分散时，大股东对股权稀释的风险接受程度更强，也更加倾向于选择股票支付方式。例如，并购支付方式选择与主并方控股股东持股比例非线性相关，股权结构极端集中或分散时，目标公司入主对股权结构不产生实质性影响，从而促使股票支付多被运用（Shleifer et al.，2003）；Faccio and Masulis（2005）对欧洲1997—2000年并购数据进行了实证分析，研究表明当并购公司大股东持股比例在20%~60%时选择现金支付的意愿最强烈；苏文兵（2009）通过研究沪深两市1998—2007年的253宗并购事件，发现当并购公司大股东的持股比例在30%~60%时偏好采用现金支付，比例较低或较高时则偏好股票支付。

基于支付方式与信息传递意向的维度，国内外研究学者基本认同证券市场上利用现金支付的并购交易相比于股票支付更加体现出主并方释放企业资金周转能力良好、盈利能力稳定的积极信号。例如，Myers et al.（1984）提出主并方在自身股价处在合理估值水平时，采用现金支付更能给予投资人积极正面的信号传递，并暗示主并方有稳定充足的自由现金流（Fishman，1989）。相反，选取股票支付方式往往给人以现金不充裕且融资渠道不通畅的信号，从而引起市场投资者对主并方的消极态度，以致股价下跌，且企业采用现金支付方式所获的累计超额收益往往高于股票支付和混合支付（戴榕，2002）。

基于支付方式与企业财务状况的维度，国内外研究主要着眼于融资约束、财务比率和资本结构。例如，主并方资产负债率越高，越容易选取股票支付（Chaney，1991）；企业资本价值具有最优构成和比例关系，不同并购支付方式对价值构成和比例具有一定的调节作用，杠杆率倘若偏离预期，企业通常不会选择现金支付方式（Uysal，2011）；Alshwer（2011）通过研究1985—2007年美国上市公司的3 335例并购案例，发现企业融资途径受阻或融资额度有限时，为维持现有资金水平，更倾向股票支付。此外，陈洁（2015）指出，信用评级越高，贷款难度和融资成本越低，现金可获得性越高，现金支付的可能性越大；杨志海（2012）通过研究我国A股市场2008—2010年331项并购事件发现，上市公司存在融资约束时，会产生更强的满足交易性需求和预防性需求的动机，交易前更倾向预留或储备更多现金及现金等价物。

基于支付方式与市场择时效应的维度，国内外研究文献基本认同并购交易实施过程中，市场择时效应对并购支付方式选择具有影响，并会以此为契机改善自身的支付策略和资本结构。当主并方筹划并购交易时证券市场对股价的认可度较高或股价被高估，主并方更倾向采用股票方式支付。例如，市场择时理论下，公司股价高涨时，相比于纯现金支付，股票支付并购成本更低，主并方更青睐利用股票支付交易对价，企业预期市场预期收益率下行时，企业现时股价高于市场平均收益率，企业更偏向发行股票（Pastor et al，2005）；在股票市场对上市公司的股价具有较高认可度时，企业经理人会在监管允许的范围内，利用投资者市场热情增发股票，在股价低于市场整体或行业整体市盈率时，趁机回购部分股票（李静，2015）。

基于支付方式与并购风险的维度，Smith（1979）通过研究认为，对于发行方而言，可转债向上修正、向下修正等特殊条款能够降低相应的风险，股价上升时，向上修正可以使可转债转股后的股份数量变少，减少对于自身股份的稀释；股价下跌时，向下修正使得发行人为了保证可转债重新处于实值状态，有权按照一定的比例调低转换价格，以减少未来可能出现的债券兑付资金支出；万迪昉（2012）发现可转换债券这种支付方式具有内嵌转股期权性质，这样可以很好地抑制并购活动中可能产生的双边道德风险；陈海燕，李炎华（1999）结合环境分析认为，在我国并购支付方式当中，混合支付是一种被大多数人认可的折中方式，有互补协同的作用，能够有效地分散风险。

此外，Zhang（2001）选取了英国1990—1999年103宗并购案例进行实证研究，发现股利支付率越高的并购公司越倾向于现金支付；陈海燕，李炎华（1999）通过对我国 1997 年 50 多家上市公司的研究发现，混合支付的收购效果最好，股权支付的收购效果优于现金支付；张晶（2011）以 2006—2008 年沪深两市 158 起并购事件为研究样本，研究发现国有性质的控股股东采取现金支付的可能性更高，持股比例越大越有可能采取现金支付，现金支付的概率与收购方规模成正比，与目标方规模成反比，目标企业为非上市公司或者其他公司的子公司时也倾向于使用现金支付。

2.1.2 融资方式

基于融资方式的维度，曹远（2010）通过分析 183 家上市公司的数据揭示了融资方式在并购中产生的影响，发现我国更为偏好股权融资；周佳花（2016）研究发现，由于我国资本市场成熟度不足和效率较低，并购重组市场的上市公司中存在"异常融资优序"现象，即国内主要并购融资方式中，自有资金融资占比高于股权融资，债权融资占比最低。

2.1.3 业绩承诺安排

基于业绩承诺定义的维度，段爱群（2013）指出，业绩承诺通常由事前预测盈利额和事后未成功履约而执行的业绩承诺补偿组成，在我国业绩承诺机制设立时间较短，主流观点认为其是一种对赌协议；国外没有业绩承诺的称谓，欧美国家广泛使用的是"Earnout"，称谓虽不同，但与国内的业绩承诺的定义几乎一致，均为"购买价格的一部分依赖于交易结束后财务或其他绩效目标的实现"。

基于业绩承诺在并购中作用的维度，一方面，国内外学者的研究对此给予了一定肯定，集中在两个方面：其一，破解企业并购中的信息不对称；其二，激励标的公司经理人以及经理人留任。Koher（2000）对 1984—1996 年使用盈余支付计划（Earnout）的 900 多份样本进行研究，发现采用该类计划的并购方和被并购方可以对冲并购不公允的风险，实现风险共享，与此同时盈余支付计划的递延部分（具体表现多为业绩承诺）可以有效保留被并购方机构中有价值的经理人，同时，如果标的公司能在合并后独立运作将有助于标的公司的业绩衡量；Cadman et al.（2014）也通过实证的方式验证了恰当的盈余支付计划能有效缓解道德风险和逆向选择，并对标的公司的经理人起到激励作用；王竞达，范庆泉（2017）认为业绩承诺可以为并购企业进行"增信"从而有利于并购活动的完成。在信息不对称情况下，业绩承诺可被视为一种通过"看跌期权"形式对并购项目提供"增信"的行为，也体现出标的企业对未来营业状况的自信程度，利于实现股东权益最大化。

另一方面，近年来，越来越多的学者对业绩承诺协议的风险做出提醒。Weber（2010）的研究指出，由于目标管理层未能达到盈余支付计划（Earnout）规定的绩效里程碑目标，因此经常无法支付收益，原因可能为收益条款中的绩效可能被视为潜在的损失或收益，导致留任目标管理层表现出寻求风险或规避风险的行为，因此对合并结果产生积极或消极的影响；谢欣灵（2016）指出，业绩承诺极易影响交易对价的合理确定，并且极易忽视长远发展，因此需要建立符合资本市场规律的交易定价机制，在并购双方之间构建互有权利义务的承诺模式；翟进步等（2019）认为业绩承诺能够推高并购重组时标的资产的评估价值，同时造成上市公司股价的攀升，但高估值资产所蕴含的预期业绩往往并未实现；李晶晶等（2020）研究发现，并购业绩承诺使得上市公司未来股价暴跌风险加重，并且关联并购中的业绩承诺对于股价暴跌风险的影响更大。

2.1.4 收购方式

基于分步收购与商誉规避的维度，顾水彬，曹阳（2022）从 40 家 2018 年至 2020 年采用分步收购方式的 A 股上市公司样本中挑选了数据最为完整的 6 家公司开展比较研究，试图揭示分步收购与商誉规避的现实关系。研究认为，比例商誉法是分步收购规避商誉的直接原因，该方法导致归属于少数股东的商誉无法列报，造成商誉"低估"。此外，业务实质穿透不足也会导致分步收购商誉规避，分步收购的确认实质是"一揽子交易"或"多重要素安排"的识别问题，其识别的关键在于各收购交易步骤是否属于整体筹划、实现同一交易目的或互为前提条件。目前我国会计准则未对分步收购是否属于"一揽子交易"予以明确规范，在控制权收购与少数股权权益收购的商誉确认存在差异的情况下，理性经济人会利用会计准则间隙，安排"链式收购"，规避商誉，并对资本市场系统风险埋下隐患。

2.2 并购重组中并购风险管理的相关研究

国内外学者在并购风险方面也做了大量的研究，在并购风险表现及评价、并购估值风险表现及防范方面，主要观点如下：

2.2.1 并购风险表现及评价

基于并购与风险管理二者关系的维度，Garfinkel（2010）的研究表明，风险管理是并购活动和企业特定并购选择的重要驱动因素，公司层面现金流不确定性的增加鼓励企业进行垂直整合，进而实现经营对冲，这也促成了并购浪潮的开始。如金融危机时期，面临大宗商品价格上涨的公司的垂直整合行为增加，便是为了对冲价格的不确定性。

基于并购风险缘由的维度，Benson（2011）通过对1992年至2005年期间3 688起并购的抽样调查，发现并购后的股权风险在公告发布后的一年中下降了约18%，可能的解释是，当CEO拥有的期权数量较多，且当前期权行权价低于股票价格时，CEO的资产变动便和股价的波动存在较高的相关性，即股价波动性越高，CEO资产的波动程度越大；Tong（2018）基于永续贴现现金流模型，认为信息不确定性程度较高容易产生估值风险，进而影响企业并购的投资收益；李善民，周小春（2007）发现当并购公司和标的公司存在巨大的规模、管理、运营方面的差异时，并购可通过资源重组实现管理协同、运营协同、财务协同等协同效应，但也同时存在着信息不对称，不能取得协同效应的风险。

基于并购风险评价管理的维度，Hansen（1987）研究发现，在信息不对称的情况下，目标企业比收购方更能了解自己公司的真实价值，当目标企业的风险较大时，收购方倾向于股票支付；Kohers，Ang（2000）认为通过对赌协议能够留住并激励目标企业的管理层，同时降低信息不对称的风险；Chui（2017）聚焦并购准备阶段，提出一种集成风险分析、模糊关键路径分析、成本效益评估以及决策规则和优先级的评价模型，为并购决策提供参考和分析；黄薇（2007）通过对并购双方的产业链、并购意愿、支付方式等维度的划分，将并购风险划分为并购前信息收集的财务风险、并购交易执行的财务风险以及并购后整合的财务风险。

2.2.2 并购估值风险表现及防范

基于并购估值风险表现的维度，国外学者的研究观点如下：Bhagwata，Damb（2016）提出标的价值在设定交易条款和结束交易之间可能会发生重大变化，从而有重新谈判或终止的风险。研究发现，市场波动性的增加会减少后续交易活动，当波动性更高、交易完成时间更长、标的规模更大时，这种影响更为强烈。此外，这也意味着收购方向标的股东提供了潜在的长期看跌期权，随着风险的增加，收购方试图缩短交易的时间窗口。国内文献针对估值风险表现的研究大致可分为三类，即高业绩承诺风险、高溢价风险与高商誉减值风险。朱荣，温伟荣（2019）认为由于近年来并购交易双方围绕高业绩承诺形成了一致的利益诉求，使得业绩承诺不再是促使并购双方博弈的手段，反而成为抬高企业估值的一种手段。

基于估值风险来源的角度，Mirvis（1992）研究发现，并购估值风险主要来源于两个方面，一是并购方与被并购方可能存在战略规划方面的不匹配，二是并购方未能对并购过程中可能遇到的风险进行充分估计，而选择了风险较大、较为激进的并购方案；Giovanni（2005）在研究估值风险的过程中，认为估值风险来源于投资者与评估机构之间的估值差异，这些差异一部分是由于企业价值评估时所选择的估值方法存在差异，另一部分可能是因为在信息的读取与利用方面存在差异；王海南（2013）认为，在企业估值阶段涉及的风险有三种，分别为报表的解读与资产价值评估风险、中介机构与价值评估风险、实际控制权风险；吴茹月（2013）的研究认为引起估值风险的因素主要为并购企业错误预判了目标企业未来盈利能力和发展空间，以及目标企业价值评估方法的错误运用。

基于并购估值与并购后绩效表现的关系的维度，Antoniou（2007）通过分析1985年至2004年396起成功的英国上市合并案例，认为长期来看高并购溢价并不意味着交易完成后收购方业绩表现不佳，短期分析表明并购溢价很可能代表标的公司和收购方之间存在协同效应。

基于并购估值风险防范的角度，国内外的专家学者对于如何防范企业估值风险提出了不同的观点，主要包括估值方法的选择修正以及估值调整协议的运用。随着资本市场的不断成熟，市场投资需求日益多样化，现代企业的组织架构和经营模式也随之复杂化和创新化，并购交易中涉及的两个企业组织架构相似性越低，则相应的估值风险一定程度上就越大。因此，选择适当的估值模型方法并根据实际情况修正与完善能得到更加准确的估值。另外在企业不同的发展阶段，当使用折现现金流模型估算企业价值时，同样需要根据企业不同阶段的特性对模型计算需要的参数进行修正，进而使得企业估值的结果更加准确和可靠（Weiss E and Majkuthoves，2006）；Mchawrab（2013）通过研究近年来高新技术产业并购交易的价值和估值，发现评估工具和方法在并购交易中起着核心作用，应当改进这些工具，以捕捉并购交易中的不确定性；李玉伟（2017）认为，仅使用单一估值方法进行企业价值评估容易忽略未来市场的变化，可能造成不可预见的财务风险。因此，多种估值方式结合评估得到的结果往往更具有合理性与科学性；针对企业价值评估体系不健全这一问题，李爱华，包锴（2017）提出了改善企业价值评估风险防控管理体系，将风险分为被评估方的风险、评估方的风险、评估环境的风险和其他风险四类。

3 新经济企业并购重组文献综述

基于选取的 8 宗新经济领域的并购案例，本书在研究过程中发现，新经济企业的并购交易方案表现出如下特征：在业绩承诺设定上更具有灵活性和多样性，在选取并购标的时对其人力资源价值重视程度更高等。此外，相较传统企业，新经济企业也表现出更突出的并购风险，如标的稀缺性使得竞购风险更大，外部宏观环境的变化使得交易背景具有特殊性，以及存在着更为显著的估值定价风险等。

综上，除了上述传统通用性并购理论对并购交易结构和并购风险方面的研究，基于上述新经济企业的并购特征，本书在此基础上也进一步专门补充、提炼和总结了相关角度的理论基础和文献研究成果，表现在业绩承诺的有效性、人力资源在并购标的中的价值、并购交易机会的产生背景、标的的竞购风险以及收益法下的估值定价风险五个维度，作为新经济企业并购研究的理论指导，以提高研究的充实度和严谨性。

3.1 基于交易方案设计的视角

3.1.1 业绩承诺的有效性

张品如（2016）认为为了防控轻资产企业估值风险，在采用适当评估方法评估风险的同时可以通过签订对赌协议、管理层持股等方法来降低损失和风险。估值调整协议可以在一定程度上中和估值高于实际价值而带来的风险，但随着业绩承诺补偿协议在实际应用过程中不断暴露的信用风险，现有领域的学者已经开始思考业绩承诺的有效性，同时也将风险防控机制聚焦于如何防范和调整业绩承诺的设定方式上。

对于以高端人力资源和高技术研发为主要生产要素、以非线性增长为成长逻辑的新经济企业而言，业绩承诺与补偿机制使上市公司在标的资产的公司治理方面表现出更明显的矛盾。一方面，上市公司过多地让渡标的资产的经营管理权，将削弱上市公司对标的资产的控制，若未来发生纠纷，业绩承诺方可将其对标的资产的控制权作为与上市公司博弈的筹码；另一方面，如上市公司过多地参与标的资产的经营管理，一旦发生争议，业绩承诺方可以此为借口，将未完成业绩的原因归咎于上市公司，并以此要求豁免其业绩补偿责任。

3.1.2 并购标的的人力资源价值

上世纪末美国宣布进入新经济时代，企业之间的竞争表现为知识、信息和创新的竞争。作为知识、信息和创新能力载体的人力资源越来越引起广泛的重视。在传统生产过程中，企业价值的主要创造来源是金钱资本；在新经济环境中，金钱资本不再是企业价值生产的主要源泉，知识经济和信息经济成为当前企业新价值创造的主要手段，掌握知识和技能的人力资源进而成为最重要的生产要素。

国外关于人力资本在并购中的表现及其影响的相关文献如下：Klein（2017）认为人力资源整合在整合风险中占有重要地位；当并购被视为获取新的研发知识或技术能力的手段，通过收购创新企业而非内部生产知识时，并购就成为了研发的替代品，并购的首要目标便是保留有价值的人力资源和知识（Granstrand et al.，1990；Pablo，1994）。例如，一家德国制造业公司收购了一家英国创业公司，并保留了该企业家（Child，2001）；同样，三家瑞典CME公司在收购美国和英国研发公司的过程中，共同努力留住员工，留住的比例从90%到100%不等（Birkinshaw & Bresman，2000）；在微软收购日本公司TITUS时，微软强烈支持他们收购的管理团队；在思科收购以色列公司Pentacom时也取得了类似的结果；Carriquiry（2014）利用Zephyr并购数据库研究了北欧发达经济体丹麦的并购后员工离职情况，研究发现，并购通常会增加员工流失的概率，尤其是对于人力资本相对较低的员工。此外，并购标的与收购方之间的行业关联程度对员工流失率有重大影响，一般来说，交易对员工流失率的影响随着行业关联程度的增加而增加，密切相关和比较相关的并购对员工流失率的影响最大，而广泛相关和不相关的并购几乎没有对员工流失率产生任何显著影响。最后，Juan的研究还表明，循序渐进的并购（即分步并购）是避免员工流失的有效途径，能够为员工提供足够的时间来适应新的组织结构；Lee，Mauer（2018）研究认为人力资本的互补性可以激励并购，并且当收购方与标的公司拥有密切相关的人力资本时，合并后的经营业绩会更好。人力资本相关性合并后的就业和工资减少表明，合并后的公司有更大的能力裁减低质量和/或重复员工，并降低劳动力成本；Robert（2021）发现员工的流失率会影响整合并购交易的价值。

3.2 基于并购风险管理的视角

3.2.1 并购交易机会的产生背景

Bonaime，Gulen（2018）指出，政策不确定性与总体和企业层面的并购活动有着强烈的负面关联性，最强烈的影响是来自税收、政府支出、货币和财政政策以及金融监管方面的不确定性。对于产品需求或股票回报对政策不确定性表现出更大敏感性的公司，这种影响会加剧。该影响的经济规模是巨大的，政策不确定性每增加一个标准差，总并购交易价值减少 6.6%，交易数量减少 3.9%，在企业层面合并可能性将下降 1.1%。当政策不确定性较高时，出于分散政策或者价格风险的目的，企业更有可能进行跨境或纵向并购。政策的不确定性也增加了对并购标的的谈判能力，交易双方会通过合同机制（交易溢价、终止费、MAC 条款）设定更为有利的交易条款；罗宏，陈韵竹，白雨凡（2022）研究发现，贸易政策不确定性显著提高了企业海外并购的可能性，且上述效应主要体现在民营企业以及融资约束较低的企业中；任曙明，王倩，李洁敏（2021）以 2008—2018 年中国沪深两市 A 股上市公司为样本，实证研究认为，经济政策不确定性使得企业内生有机成长方式、外在本土并购扩张方式受到了阻碍，企业面临着因融资成本、非经营性成本增加带来的风险，在成长冲动和风险对冲的驱动下，企业倾向于使用海外并购来替代本土并购，且这种替代作用在非国有企业中更为明显。

新经济企业通常处于生命周期的快速增长阶段，在技术路线、产品验证和商业化兑现方面均存在着较大的不确定性，因此对于外部环境的变化特别是对政策不确定性的反馈往往更加明显和剧烈，为了抵御风险和应对不确定性，新经济企业的并购交易机会便因此应运而生。

3.2.2 优质标的的竞购风险

Berniley，Lyandresz（2018）率先研究了横向并购中的运营效率对企业的影响。研究认为，横向并购不仅会对并购主体的运营效率产生影响，其市场竞争者、客户和供应商的运营效率也会因合并后供应链的传递与市场力量的变化而产生改变。在并购公告发布后的一段时间内，对于并购主体的市场竞争者而言，其收益与并购主体运营效率的提高呈负相关关系；对于并购主体的客户而言，其收益与并购主体运营效率的提高呈正相关关系；对于并购主体的供应商而言，当并购主体运营效率的提升来自于成本降低/产出增加时，其收益与并购主体运营效率的提高呈正/负相关关系。

相较于传统企业，新经济企业在开展并购活动时，往往面临更为突出的竞购风险。一方面，新经济企业往往具有高附加值、产业链和供应链复杂的特征，因而在开展并购活动时也更容易吸引诸多产业链上下游供应商和客户的瞩目；另一方面，新经济企业因尚处高速成长阶段和产业红利期，产业格局未定，外部竞争环境较为激烈，因而在开展并购活动时也往往吸引着同行业现存玩家和跨界竞争者的关注。

3.2.3 收益法下的估值定价风险

1.收益法与评估增值率

根据沃克森评估数据库统计数据，2018年，新经济企业资产评估选择资产基础法和收益法的比例为73.3%，在此情形下，最终评估方法选取收益法的占比是63.16%；评估方法选择收益法和市场法的情形下，最终评估方法选择收益法的比例高达96.3%，2017年该比例也达到87.5%。由此可见，大多数新经济企业使用收益法作为估值方法。

许珉尘（2020）通过计算不同评估方法的中位数与平均数，研究发现，从总体溢价水平来看，综合使用两种资产评估方法的标的企业溢价水平比较稳定，而收益法的资产溢价率无论是均值还是极值都要显著高于资产基础法。平均数下，在2010—2016年，收益法和资产基础法都存在不同程度的溢价增长。显然，收益法的溢价增长水平显著高于其他两种资产评估方法；而在中位数下，2010—2016年收益法的溢价估值率迅速攀升，而自2016年之后，又有回落企稳的趋势。相比之下，资产基础法在2010—2016年之间也有上升，但幅度不大，趋势较为平缓（见表3-1）。

2.目标企业价值评估方法

针对目标企业价值评估方法不合理这一问题，Brotherson（2014）认为使用折现现金流方法进行并购估值时存在三个挑战：估算终端价值、评估多业务企业和评估协同效应。其中：终端价值代表所有后续现金流在终端日期的价值，通常代表公司总价值的很大一部分，对于快速增长的年轻公司来说，终端价值可能占公司价值的全部。此外，一家公司可以拥有一系列的业务和部门，每个业务和部门都受到不

表 3-1 不同评估方法下的企业溢价水平

年份	收益法		资产基础法		资产基础法，收益法	
	中位数	平均数	中位数	平均数	中位数	平均数
2010	—	—	130%	130%	—	—
2011	196%	264%	144%	240%	220%	184%
2012	175%	239%	183%	319%	164%	152%
2013	261%	380%	126%	280%	210%	266%
2014	561%	799%	146%	1026%	189%	261%
2015	513%	997%	151%	235%	161%	202%
2016	601%	1185%	131%	523%	168%	264%
2017	528%	914%	149%	590%	241%	301%
2018	398%	555%	126%	781%	163%	193%
2019	294%	416%	136%	236%	154%	170%
平均数	392%	639%	143%	470%	186%	221%

资料来源：Wind。

同的经济力量和风险的影响，通过单独评估不同的业务部门来建立公司整体的价值，用作估值预测基础的财务报表可能反映了不符合各部门实际经济性的测算结果。最后，许多收购可能受到预期的业务变化（例如协同效应）的激励，这些变化通常难以估计并且涉及与现有企业完全不同的风险。

根据中国资产评估协会发布的《企业并购投资价值评估的现状分析与重点研判》，以 2012—2018 年沪深 A 股上市公司披露的合计 170 份选用投资价值类型的资产评估报告为研究样本，研究发现：

其一，总体看来，投资价值样本评估报告对于协同效应的考量程度较为薄弱。56% 的样本评估报告没有提及协同效应；8.8% 份样本评估报告间接提及协同效应；16.47% 的报告提到了"协同"二字，但未进一步展开内容分析；18.82% 的报告提到了协同效应并进行了一定程度的分析。对于分析了协同效应的样本评估报告，在协同效应类型的界定方面，68.75% 的报告没有明确协同效应的具体类型，仅较为笼统地对协同效应进行了总体描述。在协同效应价值的量化方面，40.62%的报告进一步对协同效应进行了测算，其中92.30%的报告在测算预期收益额、借款利息、成本等参数时考虑了协同效应的影响，7.69%的报告采用增量现金流折现方法单独测算了协同效应价值的具体数额；其他59.38%的未测算协同效应的报告中，部分没有提及测算问题，部分则是对具体的测算困难进行了描述。例如，"评估结论考虑了委托方对于本次收购后所带来的协同效益，但协同效益的来源类型（如管理、销售渠道、团队、客户资源、技术等），评估机构无法划分，也无法具体量化这些协同效益的价值""根据与**公司及被估值单位管理层沟通，研发费用的节省难以简单量化，故本次估值未考虑管理协同效应"。

其二，部分报告的评估假设设定与投资价值类型缺乏对应关系。在投资价值样本评估报告中，大部分报告采用的评估假设与市场价值评估报告的常见假设基本相同，44.12%的报告在评估基本假设中直接使用了公开市场假设；32.35%的报告在评估假设中没有提及企业并购方案、商业计划书、可研报告或者是合作协议的实现等类似事项；还有部分报告在评估假设中假设"被评估企业未来经营期间的营业收入和成本费用支付等各项业务收支均与评估基准日的营运模式相同""被评估企业在未来经营期内的主营业务、收入与成本的构成以及经营策略等仍保持其最近几年的状态，而不发生较大变化"等。这些问题都导致其评估假设的设定难以与投资价值类型的选用相匹配。

4 新经济企业并购案例分析

4.1 基于交易方案设计的视角

4.1.1 业绩承诺方案具有灵活性和多样性

一般而言，业绩对赌的主要作用有两个方面，一是规避并购风险，二是平衡并购估值。如今，我国并购市场的逻辑正发生改变，二级市场专业投资者的话语权越来越强，越来越多的上市公司以及二级市场投资者对于财务性并购趋于理性，上市公司开始基于自身的长期发展战略以及并购后如何整合作为并购的出发点，上市公司并购重组中，对赌条件设置趋于合理化，也更加贴近标的企业实际情况和上市公司核心诉求。2020年，全市场合计公告了132单重大资产重组交易，其中，剔除属于向大股东购买资产等强制对赌的交易，共有30单交易没有设置业绩对赌条款；在向大股东购买资产的以外设有业绩对赌条款的39单交易中，有15单采用了比强制对赌公式更为宽松的非标准对赌公式。

实践中，上市公司在收购第三方资产时，虽然法律法规不再强制要求设置盈利补偿机制，但对赌机制仍然可能在交易方案中被广泛采用，且方案正在出现更多的创新。例如，对承诺期限、补偿方式等可以由双方自行约定，还可以根据行业特点和交易双方的实际情况，约定其他一些特殊的对赌触发要求等。

在本研究中，新经济企业的业绩承诺方案呈现出了灵活性和多样性的特点，一是基于标的在所在行业中的行业地位，收购方基于商业实质进行价值判断，未进行业绩对赌设置，代表案例为亨通光电收购华为海洋；二是出于对标的价值的看重和为了促成交易，收购方大股东在交易中承担业绩承诺义务，且承诺比例更高，代表案例为韦尔股份收购北京豪威；三是考虑到标的所处行业的业绩驱动因素，以及便于衡量收购效果，收购方采用了挂钩业务数据而非财务数据作为业绩承诺的考核指标，并进一步延长了锁定期限和提高解锁门槛，代表案例为汇川技术收购贝思特。

具体案例分析如下：

1.案例一：看重商业实质，不设计业绩对赌

在亨通光电收购华为海洋的案例中（详见附录 A.7 案例七：亨通光电收购华为海洋），本次交易以收益法作为评估依据，但未设定业绩承诺。根据上海东洲资产评估有限公司出具的《资产评估报告》，以 2019 年 6 月 30 日为评估基准日，本次交易选取收益法评估结果作为标的公司的最终评估结论，华为海洋 100% 股权的评估值为 197 000 万元，华为海洋股东权益账面价值（母公司报表）为 32 470.89 万元，评估增值 164 529.11 万元，增值率为 506.70%。交易双方协商确定，本次交易标的资产的交易价格为 100 387 万元。

未设定业绩承诺的做法兼具合理性和风险性。根据 2019 年 10 月 18 日修订的《上市公司重大资产重组管理办法》第三十五条：采取收益现值法、假设开发法等基于未来收益预期的方法对拟购买资产进行评估或者估值并作为定价参考依据的，交易对方应当与上市公司就相关资产实际盈利数不足利润预测数的情况签订明确可行的补偿协议。但上市公司向控股股东、实际控制人或者其控制的关联人之外的特定对象购买资产且未导致控制权发生变更的，上市公司与交易对方可以根据市场化原则，自主协商是否采取业绩补偿和每股收益填补措施及相关具体安排，最终方案交由股东大会审议讨论。

本次收购的交易对方为华为技术，不属于上市公司的控股股东、实际控制人或者其控制的关联人；本次交易完成后，上市公司的控制权未发生变更。因此，本次交易适用《上市公司重大资产重组管理办法》的以上规定，上市公司与交易对方可以根据市场化原则，自主协商是否采取业绩补偿和每股收益填补措施及相关具体安排。本次交易属于与第三方进行的市场化产业并购，交易双方基于市场化商业谈判而未设置业绩补偿，该安排符合行业惯例及相关法律、法规的规定。

交易双方基于商业判断对对赌条款进行灵活的设计，在保证各自基本利益诉求的基础上，更有利于并购重组完成后的后续整合。然而，如果未来宏观形势、行业情况等发生不利变化，标的公司实现盈利低于预期甚至亏损，上市公司本次交易支付的对价将无法得到补偿，从而会影响上市公司的整体经营业绩和盈利水平，因此未设置业绩补偿机制也存在一定风险。

2.案例二：收购方大股东承担更多的业绩承诺义务

在韦尔股份收购北京豪威的案例中（详见附录 A.1 案例一：韦尔股份收购北京豪威），交易的特殊之处表现在，上市公司大股东也在交易中承担业绩承诺业务，且承诺比例更高。

该交易完成后，绍兴韦豪（实际控制人虞仁荣）以及员工持股平台持有的北京豪威股权将置换为韦尔股份的股份。根据本次交易的发行股份购买资产协议及利润补偿协议，本次交易完成后，虞仁荣、绍兴韦豪以及员工持股平台将就北京豪威在 2019—2021 年实现的扣非归母净利润向韦尔股份进行利润承诺，即分别不低于 54 541.50 万元、84 541.50 万元和 112 634.60 万元，并承担业绩补偿义务。绍兴韦豪持有的韦尔股份的股份自本次交易发行的股份上市之日起 36 个月内不得转让，并在到期后视业绩承诺的实现情况进行解锁；员工持股平台持有的韦尔股份的股份将根据业绩承诺的实现情况分批进行解锁。该股份锁定安排可覆盖业绩承诺期，上述业绩承诺及补偿义务的履行有利于核心技术人员和经营管理团队在一段时间内保持稳定。

2019—2021 年，因北京豪威技术材料研发费用资本化对当期净利润的影响金额分别为 5 397.37 万元、3 940.07 万元和 2 511.95 万元，因此本次交易盈利承诺期内，虞仁荣及绍兴韦豪将按照《利润补偿协议（北京豪威）》列明的承诺净利润数与北京豪威技术研发材料费用资本化对当期净利润的预测影响金额之和作为新的承诺净利润数，对韦尔股份进行利润补偿。新的承诺扣非归母净利润金额分别为 59 938.87 万元、88 481.57 万元和 115 146.55 万元。虞仁荣及绍兴韦豪做出的补充利润补偿承诺提高了《利润补偿协议（北京豪威）》中虞仁荣及绍兴韦豪承诺净利润数，从而提高了虞仁荣及绍兴韦豪当期应当补偿的金额。

3.案例三：业绩承诺指标挂钩业务数据，并延长承诺期限

在汇川技术收购贝思特的案例中（详见附录 A.4 案例四：汇川技术收购贝思特），考虑到贝思特所处行业的业绩驱动因素，以及便于衡量本次收购的效果，未采用营业收入或扣非后净利润等整体业绩指标作为业绩承诺及补偿的考核指标，而是绑定标的公司跨国企业业务与海外业务累计毛利润、大配套中心等。较传统的对赌条款而言，在市场景气的情况下，挂钩行业基本面的对赌条款设置更贴近市场规律，更容易被交易双方接受。但这样的业绩考核指标也存在一定的风险，若承诺期

内我国电梯行业受各方面因素影响而呈现明显下滑态势，甚至出现严重恶化的极端情况，则可能触发不实施业绩补偿的情形，届时上市公司可能承受无法达成业绩的损失和无法收到赔偿款的风险。

一般情况下，业绩承诺期为重组实施完毕后的三年。在特殊情况下，标的行业具有特殊性或交易本身存在特殊性，如跨界收购目标的估值 PE 倍数很高，需要延长承诺期降低上市公司风险，或者是收购标的中的核心资产未来盈利不确定性较强的，一般会延长利润补偿期限。汇川技术收购贝思特的交易方案引入了更多解锁安排。本次交易签订了补偿协议并涉及采用股份补偿，交易双方在协议条款中采用了分步解除股份锁定的方式，并在《上市公司重大资产重组管理办法》规定的 12 个月解锁限制之上进一步延长了锁定期限，还要求交易对方所取得的上市公司股份的60% 须在实现全部业绩承诺或完成业绩补偿后才予以解锁，增强了业绩补偿保障措施的完备性。此外，还以分步方式解除股份锁定安排，并进一步延长锁定期限和提高解锁门槛，以增强业绩补偿保障的完备性。

4.1.2 人力资源价值得到高度重视

在研究案例中，新经济企业的人力资源价值体现在并购交易方案中的离职率、业绩奖励、竞业限制设定等方面，对应案例分别为汇川技术收购贝思特、韦尔股份收购北京豪威。具体案例分析如下：

1. 案例一：业绩承诺中引入离职率安排

在汇川技术收购贝思特的案例中，在业绩承诺安排未限于净利润指标，在人员安排方面，将核心人员离职率作为考核指标，有一定创新之处。

在业绩承诺方案中，离职率的计算公式为承诺年度内核心人员名单中离职人员总数÷双方书面确认的贝思特核心人员名单总人数，贝思特股东承诺在业绩承诺期间内贝思特核心人员离职率低于 10%。双方对离职人员的具体界定如下：①承诺年度内如存在核心员工挂虚职的情形（劳动合同在贝思特，但并未实际履行对应的岗位职责），视同该人员为已离职人员；②核心人员合同到期未能续约、不能胜任原岗位，或存在过错等情形而终止与贝思特劳动关系的，视同该人员为已离职人员；③经上市公司事先书面同意或者因上市公司要求辞退，贝思特解除与核心人员劳动关系的，不视该人员为离职人员；④核心人员在贝思特及其子公司及附属企业调动劳动关系的，且承诺期间未离职的，不视该人员为离职人员；⑤核心人员因工作需要调动至上市公司任职的，不视该人员为离职人员；⑥核心人员因丧失或部分丧失民事行为能力、死亡或宣告死亡、宣告失踪而终止与贝思特劳动关系的，不视该人员为离职人员。

在业绩补偿方面，如核心人员的实际离职率高于承诺离职率则触发业绩补偿，承诺期内贝思特股东按照核心人员实际离职率向汇川技术补偿相应金额，具体设定见表4-1。

表4-1　　　　　　　　　　贝思特业绩承诺中的离职率与补偿约定

序号	实际离职率（Q）	补偿金额（万元）
1	10%≤Q＜20%	1 000
2	20%≤Q＜30%	4 000
3	30%≤Q	9 000

资料来源：上市公司公告。

在该方案中，将离职率设定为考核指标与其行业属性相关。电梯部件行业属于技术密集型行业，贝思特自成立以来逐步打造并拥有了一支经验丰富、熟悉电梯行业发展的涵盖供应链、生产制造、技术研发、市场营销、管理等方面的多元化人才团队。稳定的优秀核心团队是贝思特长期保持核心竞争力及行业地位的关键因素，因此本次交易以核心人员离职率作为考核指标之一。

2.案例二：对标的核心员工引入超额业绩奖励机制

超额业绩奖励属于业绩承诺的一部分，其是与业绩补偿相对应的一个概念。根据《关于并购重组业绩奖励有关问题与解答》（2016年1月）中对业绩奖励的相关规定及解读（详见附录C.4.7），上市公司重大资产重组方案中，基于相关资产实际盈利数超过利润预测数而设置对标的资产交易对方、管理层或核心技术人员的奖励对价、超额业绩奖励等业绩奖励安排时，上述业绩奖励安排应基于标的资产实际盈利数大于预测数的超额部分，奖励总额不应超过其超额业绩部分的100%，且不超过其交易作价的20%。

超额业绩奖励的对象分为两类，一类是交易对方（标的股东），一类是公司员工（管理层或技术人员）。根据奖励对象不同，相应地，超额业绩奖励的作用也有两类：其一，作为交易对价调整工具，估值调整注重根据并购后被收购标的的实现情况来验证此前关于被收购标的的价值判断，力求补偿因交易前的审慎估值而少支付给原股东的价款；其二，作为员工激励的工具，业绩奖励则注重于激励并购后被收购标的的核心团队人员，促使其为上市公司创造超额业绩，力求减少并购后的整合难度。

在韦尔股份收购北京豪威的案例中，收购方对于标的核心员工的激励安排包括两方面，体现了人力资本在新经济企业并购中的重要价值。具体而言，一是持股安排，根据本次交易方案，重组完成后，核心管理层将持有韦尔股份5.82%的股份。安排核心管理层持有公司股票，有利于将其自身利益与公司利益绑定，激励核心管理团队勤勉尽职履行工作职责，确保重组完成后的有效整合和经营的稳定；二是业绩奖励，业绩承诺期满，若北京豪威在业绩承诺期内的实际净利润数累积值高于业绩承诺期内累计预测净利润（211 000万元），超额部分的80%将作为北京豪威核心管理层和其他管理人员、核心技术人员的奖励，具体分配安排由核心管理层自行确定。

3.案例三：设置竞业限制，保证核心团队稳定性

在韦尔股份收购北京豪威的案例中，交易方案的另一特殊之处在于，收购方通过竞业方案设计，保证核心团队的稳定性。

收购前夕，美国豪威共有研发人员1 500逾人，占员工总数的近80%，其中多为核心研发骨干，包括具有十年以上的行业经验的芯片设计专家。豪威在研发人员的培养与激励方面具有较为完善的制度支撑，培养人才、激励创新的制度已经成为其持续竞争力的主要来源。鉴于美国豪威所属集成电路行业的特殊性，美国豪威的平稳运营以及未来持续发展对核心团队具有较强的依赖性，韦尔股份与美国豪威在竞业安排方面采取了一系列措施保持核心团队的稳定性，具体如下：

其一，任期安排。根据韦尔股份与北京豪威交易对方签署的《发行股份及支付现金购买资产协议》，为保证目标公司持续发展和保持持续竞争优势，业绩承诺方同意促使核心管理层中的Xiaoying Hong（洪筱英）、Hongli Yang（杨洪利）、Anson H. Chan（陈海峰）、John Li（李洪军）承诺：自本次交易完成日起至业绩承诺期结束后三年内，其应在美国豪威或其下属公司持续任职；并且，Xiaoying Hong（洪筱

英）、Hongli Yang（杨洪利）、Anson Chen（陈海峰）、John Li（李洪军）将尽力促使核心管理层中的其他成员自本次交易完成日起至业绩承诺期结束前在美国豪威或其下属公司持续任职。业绩承诺方同意促使美国豪威核心管理层中的 Xiaoying Hong（洪筱英）、Hongli Yang（杨洪利）、Anson Chen（陈海峰）、John Li（李洪军）承诺：其将自行并促使核心管理层中的其他成员遵守其与美国豪威等相关实体签订的与竞业禁止相关的协议约定。

其二，竞业禁止安排。根据美国豪威与核心管理层团队人员签署的《美国豪威员工就业保密信息与发明转让协议》，竞业禁止协议与保密协议主要条款如下：未经美国豪威董事会书面授权，对美国豪威的"机密信息"严格保密，"机密信息"是指任何美国豪威专有信息、技术数据、商业秘密或专有技术，包括但不限于研究、产品计划、产品、服务、客户名单和客户（包括但不限于客户市场、产品成本和价格、软件、开发、发明、流程、公式、技术、设计、图纸工程、硬件配置信息、市场营销以及美国豪威直接或间接以书面、口头或通过绘制或观察零件或设备向其披露的销售信息、员工和顾问信息等信息）。

同时，核心管理层员工承诺在美国豪威工作期间，不会从事任何其他与美国豪威新参与或参与的业务直接相关的工作、职业、咨询或其他业务活动的工作。如果与美国豪威的关系终止，终止后的12个月内，无论是否同意，将不会直接或间接招揽、诱导或鼓励任何美国豪威员工离职或带走此类员工，或企图为自己或任何其他个人或实体招揽、诱导、招聘、鼓励或带走本公司员工。

4.1.3 高支付对价下的高资金筹措能力要求

1.发行股份、支付现金、募集资金的组合拳

在研究案例中，优质资产的属性叠加产业并购的逻辑，共同推高了新经济企业拟收购标的的市场估值，发行股份支付现金并募集配套资金也因此成为了重要的支付方式。股份收购会稀释实控人的股权比例，进而影响上市公司控制权的稳定性，典型案例为北京君正和韦尔股份前后发布公告计划收购北京豪威，相比北京君正，韦尔股份成功完成收购的一大原因就是资金筹措得力，不会触发上市公司控制权变更的风险。配套募集资金的能力、时间和资金用途是影响交易的关键因素，也是监管审核的关注所在，代表案例为北京君正前后两次调整交易方案，在增强募集资金的配套能力后，终于完成了对北京矽成的收购（详见附录A.3案例三：北京君正收

购北京矽成）。

（1）案例一：募集资金对上市公司控制权稳定性的影响

在韦尔股份收购北京豪威的案例中，自豪威私有化完成至被并入A股上市公司共历时四年，收购过程中出现了多个交易主体和交易方案，也经历了监管规则的变化，为新经济企业并购提供了借鉴意义。

在韦尔股份启动收购之前，北京君正拟以发股支付现金及"锁价"配融的方式收购豪威，但在当时A股并购重组乱象频发的背景下，证监会修订了《上市公司非公开发行股票实施细则》，将配套融资规则更改为"询价"，压缩了定增操作的空间。值得注意的是，在该交易方案中，锁价配融的目的一是绑定标的美国豪威的团队，对境外标的员工及管理层的利益和诉求进行激励和安排；二是在发行股份购买资产后，巩固实控人对于上市公司的控制权。如果不考虑募集配套资金，交易完成后北京君正实控人刘强和李杰合计持股比例将由34.73%下降至10.30%。而交易对手方奥视嘉创及其关联方、开元朱雀及其关联方、珠海融锋、嘉兴水木及其关联方持有北京君正总股本分别为9.30%、9.30%、9.07%、8.97%，与实控人持股比例接近，且均高于刘强、李杰单独持有股份占上市公司总股本的比例。刘强、李杰及君盛芯和通过参与本次募集配套资金，其持股比例将提升至16.94%，一方面有利于加强其对上市公司的控制权，保障上市公司控制权的稳定性；另一方面则利于规避监管对于实际控制人变更的认定，避免触发重组上市。受此影响，当时市值为73亿元的北京君正获得股份的成本大幅提高，因无法提前锁定各方利益而致交易终止。

相较北京君正，韦尔股份成功收购豪威的关键在于其具有更强的利益深度绑定能力，其支付方式、融资工具的使用与韦尔股份的资产负债结构、股权结构紧密相关，发股的稀释效应不会导致控制权变更。2018年12月，韦尔股份发布《韦尔股份发行股份购买资产并募集配套资金暨关联交易报告书（草案）》，拟以发行股份的方式购买25名股东持有的北京豪威85.53%股权，按照协商确定的33.88元/股（2019年除息后）的股票发行价格，交易对价为130.23亿元。同时，韦尔股份拟采取询价的方式向不超过10名符合条件的特定投资者非公开发行股份募集配套资金不超过20亿元，用于标的公司建设项目及支付中介机构费用。本次发行股份购买资产不以募集配套资金的成功实施为前提，最终募集配套资金成功与否不影响本次发行股份购买资产行为的实施，如本次募集资金不足或未能实施完成，公司将以自筹资金的方式解决。

2019 年 8 月，韦尔股份通过向特定对象非公开发行股份配套募集资金 404 147 090.48 元，配套融资的股份发行认购情况见表 4-2。本次发行后，考虑发行股份购买资产及募集配套资金的股份登记，虞仁荣直接持有韦尔股份总股本的 32.35%，通过其控制的绍兴韦豪间接持有韦尔股份总股本的 9.36%，虞仁荣控制股份数合计占韦尔股份总股本的 41.71%，仍为控股股东及实际控制人。尽管本次交易采用了发行股份购买资产和发行股份配套融资的方案，发股的稀释效应未导致上市公司的控制权变更，交易成功实施。

表 4-2　　　　　　　　　　配套融资的股份发行认购情况

序号	获配对象名称	最终获配股数（股）	认购金额（元）
1	富国基金管理有限公司	2 600 554	149 999 954.72
2	国元国际控股有限公司	1 959 084	112 999 965.12
3	九泰基金管理有限公司	1 213 592	69 999 986.56
4	博时基金管理有限公司	693 481	39 999 984.08
5	南方基金管理股份有限公司	540 000	31 147 200.00
	合计	7 006 711	404 147 090.48

资料来源：上市公司公告。

（2）案例二：募集资金情况对现金支付可行性的影响

在北京君正收购北京矽成的案例中，第一次收购方案中，现金支付方案的可行性受到了监管的重点关注，尤其是在无法募集足够配套募集资金情况下如何支付重组交易款项的问题。

有两方面原因：其一，根据北京君正当时的股价表现，募集足额资金存在较大压力。截至 2018 年 11 月 17 日，北京君正的总股本为 2.01 亿股，按照拟配套募集资金发行股份总数占北京君正总股本的 20% 上限计算，认购股票价格须达到 34.89 元/股才能达到本次募集配套资金目标 14 亿元。截至 2018 年 11 月 17 日，北京君正股票价格为 18.40 元/股。如果无法募集足够的配套募集资金，北京君正则需要通过

变更首次公开发行上市的募集资金用途以支付本次收购的现金对价（北京君正股价
走势详见图4-1）。

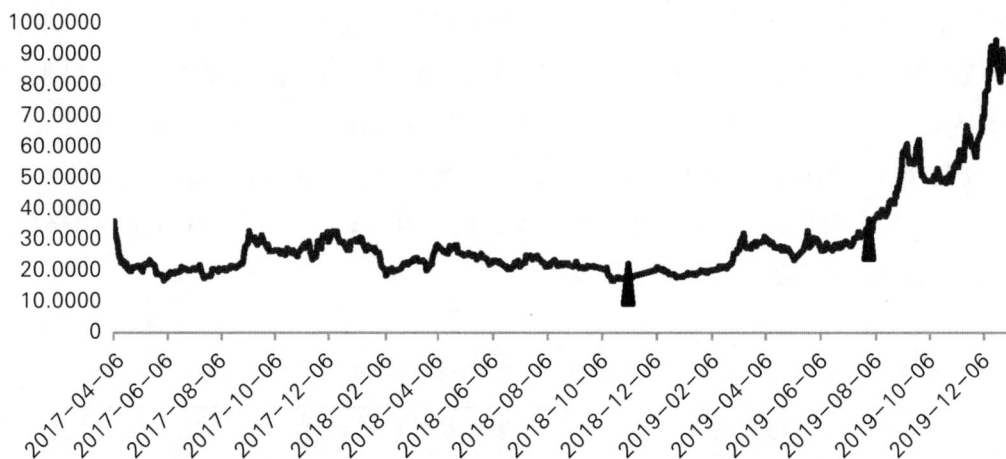

图4-1　2017—2019年北京君正收盘价走势（元，前复权）

资料来源：Choice。

其二，即便变更前次募集资金用途，为完成本次收购交割，北京君正仍存在不
小的资金缺口，本次交易的现金对价及偿付贷款对北京君正造成了较大的资金压力
（见表4-3）。

在最终的方案中，为了增强配套融资的确定性，北京君正采取了三方面措施：
一是北京君正的控股股东、实际控制人之一刘强控制的企业四海君芯将认购不低于
配套资金的50%，且四海君芯拟引入第三方投资者中关村科学城和汇诚兴海，并下
设中关村科学城基金用于受让青岛君品、冼永辉分别持有的四海君芯45.67%、3.33%
的股权，以海淀国资股东的支持增强四海君芯认购配套融资的确定性（2019年9月
股权转让后，四海君芯的产权结构及控制关系见图4-2）；二是引入招商银行北京
分行，为四海君芯认购本次重组配套募集资金提供不超过8亿元的贷款额度；三是
北京君正拟使用首次公开发行的结余募集资金和超募资金及部分募集资金利息（含
现金管理收益）合计4.56亿元用以支付本次交易的部分现金对价。

表 4-3 北京君正收购北京矽成第一次收购方案下的资金缺口

本次交易的现金对价	−11.65 亿元
标的企业（屹唐投资、华创芯原）截至 2018 年 6 月 30 日长期借款余额	−11.15 亿元
配套融资足额募集	+14 亿元
在配套融资足额募集的情况下，北京君正尚需以自有资金或自筹资金投入	−8.80 亿元
截至 2018 年 9 月 30 日，北京君正实际可使用的货币资金及其他流动资产合计	+5.77 亿元（包含无明确使用计划的前次募集资金）
资金缺口	−3.03 亿元

资料来源：上市公司公告。

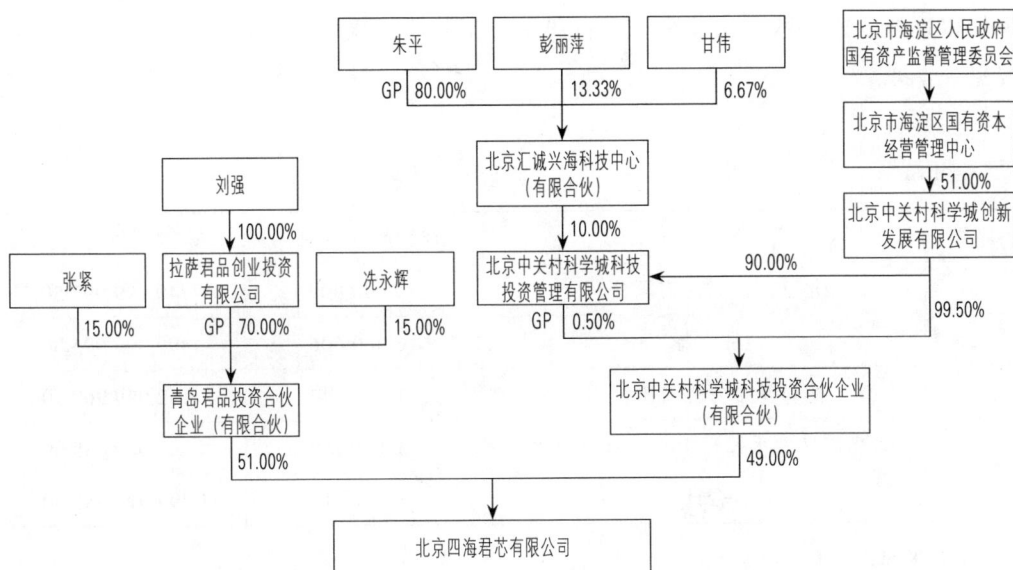

图 4-2 2019 年 9 月股权转让后，四海君芯的产权结构及控制关系

资料来源：上市公司公告。

2020 年 4 月 1 日，根据中国证监会于 2020 年 2 月 14 日发布的《关于修改〈创业板上市公司证券发行管理暂行办法〉的决定》《关于修改〈上市公司非公开发行股

票实施细则〉的决定》，北京君正对本次交易项下募集配套资金方案的发行对象、发行价格、发行数量、锁定期安排等事项进行了调整：第一，将本次配套融资的发行对象由四海君芯等不超过 5 名特定投资者更改为不超过 35 名特定投资者；第二，将本次配套融资项下新增股份的发行价格不低于定价基准日前 20 个交易日公司股票交易均价的90%更改为80%（即发行底价）；第三，将本次配套融资项下发行股份的总数量不超过公司本次发行前总股本的 20% 更改为 30%；第四，本次配套融资项下，四海君芯认购的公司本次配套融资项下发行的新增股份自发行完成之日起由 36 个月内不转让更改为 18 个月内不转让，将其他发行对象所认购的公司新增股份自发行完成之日起 12 个月内不转让更改为 6 个月内不转让。

2020年9月，北京君正完成了配套募集资金的发行，募资总额为 1 499 999 985.00 元，本次发行通过向四海君芯、张晋榆、博时基金管理有限公司、青岛德泽六禾投资中心（有限合伙）共计 4 家发行对象非公开发行 A 股股票的方式进行，特定对象均以现金方式认购本次非公开发行股票。至此，本次收购交易结束，募集资金情况见表4-4。

表4-4　　　　北京君正收购北京矽成第二次方案下的募集资金情况

序号	交易对方	获配股数（股）	认购金额（元）
1	北京四海君芯有限公司	9 090 909	749 999 992.50
2	张晋榆	6 060 606	499 999 995.00
3	博时基金管理有限公司	1 854 545	152 999 962.50
4	青岛德泽六禾投资中心（有限合伙）	1 175 758	97 000 035.00
	合计	18 181 818	1 499 999 985.00

资料来源：上市公司公告。

2.联合收购和引入并购基金

（1）案例三：联合国资增强收购实力

2021年4月9日，闻泰科技与珠海格力创业投资有限公司签订了《出资及股东协议》，拟共同出资设立珠海得尔塔科技有限公司，作为收购广州得尔塔100%股权及相关经营性资产的指定收购主体。在闻泰科技收购欧菲光特定客户摄像头业务的案例中，引入珠海国资进行联合收购，释放资金杠杆效应的同时也将帮助相关业务落地珠海打造第二生产基地，实现产能放大（详见附录 A.2 案例二：闻泰科技收购欧菲光特定客户摄像头业务）。

珠海得尔塔科技有限公司注册资本为人民币 30 亿元，其中闻泰科技以货币方式出资 21 亿元，占注册资本的 70%，珠海格力以货币方式出资 9 亿元，占注册资本的 30%。在组织结构方面，珠海得尔塔董事会由 3 名董事组成，全部由闻泰科技委派，董事长及法定代表人由闻泰科技委派的董事担任；监事会由 3 名监事组成，其中闻泰科技委派 2 名，珠海格力委派 1 名，监事会主席由闻泰科技委派的监事担任；珠海得尔塔设总经理 1 名，由闻泰科技委派，设副总经理 1 名，由珠海格力委派，均由董事会聘任；珠海格力所委派至珠海得尔塔的监事、高管，非经珠海格力书面同意，珠海得尔塔及闻泰科技不得擅自撤换。

闻泰科技引入珠海格力并通过合资公司形式收购标的资产，除了前述组织结构方面的安排，也和珠海格力达成了特别约定，珠海格力享有优先受让权、随售权、反稀释权和对闻泰科技的竞业限制。在优先受让及随售权方面，闻泰科技及闻泰科技实际控制人同意转让其所持珠海得尔塔部分或全部股权给他人时，珠海格力有权选择优先受让，或随同闻泰科技一起按同等条件转让；在反稀释方面，如果珠海得尔塔新一轮融资中根据协议或者安排导致最终投资价格低于珠海格力获得的珠海得尔塔每一元注册资本对应的价格，则该融资应获得珠海格力的同意；在竞业限制方面，非经珠海格力书面同意，闻泰科技只能通过珠海得尔塔直接或间接从事拥有、投资、管理、控制或参与管理任何与珠海得尔塔业务重复或冲突的业务。

（2）案例四：搭建并购基金降低并购风险

引入并购基金实现资金放大是新经济企业另一重要的并购支付工具。在雅克科技收购 UP Chemical 的案例中（详见附录 A.8 案例八：雅克科技收购 UP Chemical），雅克科技在境内成立了"上市公司+PE"型并购基金江苏先科，又在韩国设立了过桥型 SPV 韩国先科，通过搭建并购基金的模式完成了对 UP Chemical 的收购。

雅克科技收购 UP Chemical 的案例体现了小市值上市公司在并购融资时的特点。小市值的上市公司受制于自身体量，承担并购风险的能力较弱，但同时又需要通过并购扩大自身规模、建立竞争优势。在这种情况下，通过设立并购基金最终将收购的资产注入上市公司，将起到多重有利效果。其一，通过以较小的自有资金撬动较大的基金规模，能够缓解上市公司的资金压力，得以弥补小市值公司资金实力不足的缺点；其二，引入并购基金后上市公司仅以投入的LP份额为限承担损失，能够将并购失败的风险体外化，避免对上市公司主体的经营业绩造成较大冲击；其三，并购基金与其他私募股权基金最大的差异体现在并购之后对所收购企业进行整合，以改善企业的经营状况，这不仅要求并购基金管理机构具有较强的并购投资能力，而且须具备很强的整合管理能力。并购基金的管理人提供了丰富的专业经验，在行业分析、并购标的筛选及价值发现方面对企业能有一定帮助，有利于企业家规避各类并购风险，并为上市公司培养专业化并购能力和人才。

4.1.4 标的管控能力是收购方关键考虑因素

新经济企业的并购，因其不确定性更高，并购风险更大，并购整合难度更高，收购方往往更加重视实现有效管理。鉴于并购方式与标的管控程度、业绩并表和整合效果紧密相关，并购前，收购方便需要对整体的收购节奏与收购步骤做出清晰规划，平衡协商好标的层面不同交易对手方的利益和诉求。

在研究案例中，既包括先收购50%以上比例以获得控制权，并明确对剩余股权做出收购安排的一揽子交易方案，如汇川技术收购贝思特、亨通光电收购华为海洋；又包括首发预案拟收购标的LP份额，后变更为直接收购标的资产以增强标的控制权的交易方案，如北京君正收购北京矽成；还包括提前入主并控制标的董事会，增强对标的的管控能力的并购案例，如韦尔股份收购北京豪威。具体如下：

1.形式上体现为分步收购，实际上为一揽子交易

《企业会计准则解释第5号》中对"一揽子交易"的判断标准为：一是这些交易是同时或者在考虑了彼此影响情况下订立的；二是这些交易整体才能达成一项完整的商业结果；三是一项交易的发生取决于至少一项其他交易的发生；四是一项交易单独看是不经济的，但是和其他交易一并考虑时是经济的。因此，根据交易双方签订的《发行股份及支付现金购买资产协议》，结合《企业会计准则第20号——企业合并》中关于企业合并的规定，本次交易中的两项购买行为的目的、决策程序及定价参考依据均具有一致性，无论是汇川技术对贝思特的股权收购，还是亨通光电收购华为海洋，均属于一次交易通过多次分步实现的非同一控制下的企业合并，企业合并成本大于合并中取得的被购买方可辨认净资产公允价值份额的差额应确认为

商誉。

将分步并购纳入一揽子交易安排的优点：实际案例中，先以现金收购，后以发行股份方式分步收购的案例为多。从效率上来看，根据《上市公司重大资产重组管理办法》的相关规定：第一步现金购买资产方案可在上市公司股东大会审议通过后实施，第二步发行股份（或发行股份及支付现金）购买资产方案，须经上市公司股东大会审议通过并在获得监管部门核准后实施。因此如果作为一揽子交易，第一步，上市公司以现金收购标的公司部分股权，在上市公司股东大会审议通过后即可实施，不需要中国证监会审核，有利于加快交易进程，提高并购效率。且上市公司先行收购标的公司控制权的，可以尽早将标的公司纳入上市公司合并报表范围，为上市公司贡献经营业绩。第二步，上市公司购买标的公司剩余股权，可以促进上市公司与标的公司顺利整合，实现平稳过渡。

（1）案例一：先现金收购51%股权，再发行股份收购49%股权

在汇川技术收购贝思特的案例中，根据交易方案，汇川技术拟分别向贝思特原股东发行股份及支付现金购买其合计持有的贝思特100%股权。其中，汇川技术先以支付现金方式购买交易对方合法持有的贝思特51%股权，再以发行股份方式购买交易对方合法持有的贝思特49%股权。以现金方式购买贝思特51%股权是发行股份购买贝思特49%股权的前提，而后续发行股份购买贝思特49%股权是否被证券监管部门核准则不作为以现金方式购买贝思特51%股权的前提条件。

先现金收购51%股权，再发行股份收购49%股权的交易方案设计有以下四个考虑：

第一，汇川技术希望通过先支付部分现金的方式提高并购交易的确定性，加快交易进程，并尽早取得标的公司控制权，将其纳入上市公司体系，尽快通过整合发挥协同效应，提高汇川技术整体实力。由于现金收购不涉及证监会审批，本次交易在上市公司获得股东大会和反垄断审查通过之后，并购重组委审核之前便完成了对标的企业51%股权的交割。同时，贝思特股东出于自身资金需求的考虑，也希望能从本次交易中获得部分现金对价。

第二，发行股份及现金支付的比例考虑了汇川技术的财务状况。本次交易中，上市公司现金收购贝思特51%股权须支付12.69亿元。截至2018年12月31日，汇川技术合并报表的货币资金、以公允价值计量且其变动计入当期损益的金融资产、

封闭式理财产品和封闭式结构性存款（其他流动资产）合计 28.40 亿元，资产负债率为 36.74%，具备通过使用自有资金或申请银行并购贷款等方式支付本次交易现金对价的能力。

第三，发行股份及现金支付的比例考虑了汇川技术股权结构较为分散的特点。本次交易前，汇川技术实际控制人朱兴明及其一致行动人汇川投资合计持有汇川技术 24.23% 的股份。本次交易完成后在不考虑配套融资的情况下，朱兴明及其一致行动人汇川投资合计持有上市公司股份比例将下降至 23.43%，交易对方赵锦荣、朱小弟、王建军将合计持有上市公司 3.30% 的股份。若本次交易全部采用股份对价支付或设置更大比例的股份对价，稀释效应将使汇川技术的股权结构发生较大变化，长远看不利于其控制权的稳定。

第四，标的股东对缴纳个人所得税存在现金需求。本次交易对手方均为自然人，交易完成后，交易对手方需要就标的资产增值部分缴纳 20% 的个人所得税。考虑到本次交易标的资产增值涉及的个人所得税金额较大，同时交易对手方通过本次交易取得的上市公司股份均有限售期安排，因此，交易对手方需要部分现金对价用于缴纳本次交易发生的个人所得税。

（2）案例二：先收购51%股权，并对剩余49%股权明确安排

在亨通光电收购华为海洋的案例中，除了先收购 51% 的标的股权，方案中也对标的公司的剩余股权做出了明确安排，即在完成本次交易后，亨通集团拟通过其指定的香港子公司以支付现金方式购买后期 New Saxon 持有的华为海洋 30% 股权；对于后期 New Saxon 持有的华为海洋 19% 股权，New Saxon 有权在上述 30% 股权交易完成 2 年后的 6 个月内按约定的交易价格将华为海洋 19% 股权出售给亨通集团指定的香港子公司。

2019 年 10 月 29 日，上市公司控股股东亨通集团与 New Saxon 签订股权转让协议《Sale and Purchase Agreement》，就目前 Global Marine 持有的华为海洋 49% 的股权具体安排如下：

关于 30% 股权交易安排。亨通集团拟通过其指定的香港子公司以支付现金方式购买后期 New Saxon 持有的华为海洋 30% 股权。参考东洲评估出具的《资产评估报告》确定的标的公司 100% 股权的评估值，亨通集团与 New Saxon 协商确定，上述 30% 股权交易的交易价格为 8 550 万美元。亨通集团与 New Saxon 约定，上述

30%股权交易实施的先决条件是上市公司与华为技术完成本次华为海洋51%股权交易。

关于19%股权交易安排。亨通集团与New Saxon约定，对于后期New Saxon持有的华为海洋19%股权，New Saxon持有一份卖方期权（Put Option），亨通集团持有一份买方期权（Call Option）。New Saxon持有的卖方期权规定，New Saxon有权在华为海洋30%股权交易完成2年后的6个月内（即"行权期间"）要求按约定的交易价格将华为海洋19%股权出售给亨通集团指定的香港子公司。亨通集团持有的买方期权规定，亨通集团有权在New Saxon卖出期权行权期间届满或者New Saxon明确表示不予行权后的6个月内通过其指定的香港子公司以约定的交易价格购买New Saxon持有的华为海洋19%股权。上述卖方和买方期权约定的19%股权交易的每股交易价格按照30%股权交易的每股交易价格和届时的市场公允价格孰高确定。

2.案例三：从直接收购到间接收购

直接收购的情况为：上市公司以发行股份、支付现金等方式直接收购标的，并购基金本身成为上市公司的股东，并购基金的股东/合伙人间接持有上市公司股份；间接收购的情况为：上市公司以发行股份、支付现金等方式直接收购并购基金，并购基金直接成为上市公司的子公司，上市公司间接持有目标标的，并购基金的股东/合伙人直接持有上市公司股份。相比于直接收购的方式，间接收购的一大问题在于，如果仅是认购并购基金的大部分财产份额，即使认购了全部的LP份额，但还有部分GP份额不曾认购，存在如何确保对其他GP管理的合伙企业实现控制的问题，以及无法控制的情况下如何采取措施的问题。

北京君正收购北京矽成的交易方案前后经历了两个版本，首发预案意在收购并购基金的合伙财产份额/股权，并进行配套融资用于偿付并购贷款，但该方案无法实现对标的的并表和实际控制；最终方案调整为直接收购标的资产，同时募集方案增加了控股股东的认购比例，将配融资金投向在研项目。对比来看，最终方案能成功收购北京矽成的关键因素在于该方案具有更强的标的控制能力，从间接收购转变为直接收购，既增强了北京君正对北京矽成的控制，并购基金的所有投资方也得以通过直接出售标的的方式实现退出。同时，在最终收购时，北京君正也采取了多方面措施以增强配套融资的确定性，保证了上市公司控制权的稳定性。具体如下：

（1）首发预案中，收购标的股东LP份额，无法实现并表和实际控制

2018年11月，北京君正发布首次收购预案，交易方案为北京君正及/或其全资子公司合肥君正拟以发行股份及/或支付现金的方式购买战新基金持有的屹唐投资99.9993%财产份额、北京集成持有的华创芯原100%股权、青岛海丝与民和德元持有的民和志威合计99.90%财产份额、Worldwide Memory100%股权、Asia Memory100%股权和厦门芯华100%财产份额，合计交易价格暂定为26.42亿元，其中拟向交易对方支付现金对价11.65亿元（交易架构见图4-3）。上述标的主要资产为其持有的北京矽成股权，截至预估基准日2018年6月30日，北京矽成100%股权的预估值为65.24亿元，经交易各方协商，北京矽成100%股权的估值暂定为65亿元。

在该交易方案中，北京君正通过收购目标公司股东的合伙财产份额/股权方式，实现对目标公司股权权益的收购，但交易完成后无法对北京矽成实现并表和实际控制。具体原因如下：

第一，北京矽成的其他直接股东上海承裕（上海承裕的股权结构见图4-4）、上海瑾矽、闪胜创芯未直接参与本次交易。本次交易完成后，北京君正虽然通过标的企业间接持有北京矽成51.5898%股权，并通过屹唐投资、华创芯原及民和志威间接持有闪胜创芯53.2914%的LP份额（闪胜创芯持有北京矽成3.7850%的股权），但由于北京矽成的章程约定相关重要事项需董事会一致通过或2/3以上（且赞成的董事中应当包括屹唐投资、上海承裕及华创芯原提名的至少各自一名出席会议的董事）通过方可做出有效决议[①]，本次交易完成后，北京君正和思源电气均无法单独实现对北京矽成的控制，北京君正不能通过其委派/提名的董事单独决定北京矽成章程约定相关重要事项，无法控制北京矽成的重大经营决策。为实现对北京矽成的进一步控制，后续北京君正需与北京矽成其他股东协商，就表决权、董事会安排或者股权安排等方面达成一致。

[①] 根据公司公告，本次交易完成后，北京君正透过屹唐投资及华创芯原可以直接委派3名董事，思源电气透过上海承裕可以委派2名董事，且北京君正及思源电气均可以通过其委派董事行使对相关事项的一票否决权。

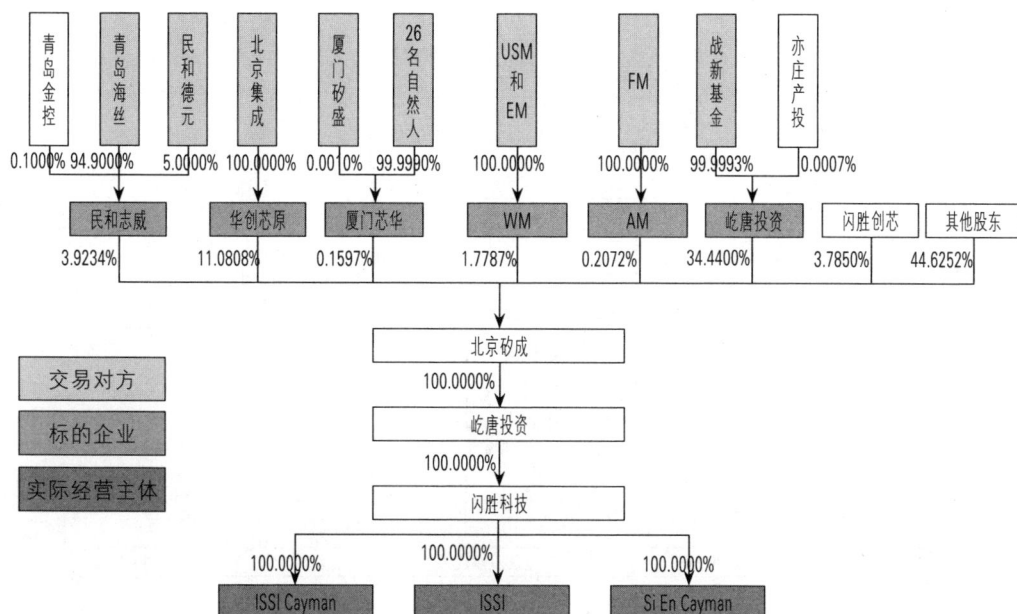

注：屹唐投资、华创芯原、民和志威分别持有闪胜创芯37.3369%、15.1042%、0.8504%的份额，合计持有闪胜创芯53.2915%的份额。

图4-3　北京君正收购北京矽成首发预案的交易架构

资料来源：上市公司公告。

第二，本次交易未采取将目标公司直接股东作为交易对方的方案，间接收购的方式仅认购了有限合伙企业的大部分甚至全部财产份额，但鉴于部分国资LP转让财产份额可能涉及相关国资程序，本预案中北京君正并未认购亦庄产投持有的屹唐投资0.0007%财产份额和青岛金控持有的民和志威0.10%财产份额。为了巩固控制权，虽然当时出让有限合伙份额的交易对手承诺，本次交易正式方案披露前，将促使并保证合伙企业全体合伙人对合伙协议有关合伙人权限等约定进行修订和调整，并完成相应工商变更登记/备案手续，以确保北京君正在资产交割后实现合伙企业的实际控制，但是仍存在如何确保对屹唐投资、民和志威实现控制，以及若无法控制的情况下如何采取措施的问题。而且，剩余的上述GP份额均具有国资背景，不能排除对于其管理的合伙企业具有更强的控制力和话语权的可能性。

武平 100% → SpreadCom Limited 35.76%
潘建岳 100% → Summit Vista Group Limited 35.76%
Bernard Anthony Xavier 100% → Gold Prized Holdings Limited 28.48%

上海张江科技创业投资有限公司 0.92%
上海张江火炬创业投资有限公司 0.92%

上海张江浩成创业投资有限公司 2.41%
天津博达恒盛科技有限公司 9.25%
上海创业投资有限公司 16.65%
国家集成电路产业投资基金股份有限公司 27.75%
Digital Time Investment Limited 0.46% (GP)
上海武岳峰浦江股权投资合伙企业（有限合伙） 26.63%
Gaintech Co.Limited 10.51%
Summit View Electronic Investment L.P. 3.20%
Shanghai (Z.J) Holdings Limited 1.30%

仟品（上海）股权投资管理有限公司 0.10%
上海武岳峰集成电路股权投资合伙企业（有限合伙） 99.90%

上海集岑企业管理中心（有限合伙） 41.97%
上海武岳峰集成电路股权投资合伙企业（有限合伙） 49.24%
上海承裕投资管理有限公司 0.0027% (GP)
北京青禾投资基金（有限合伙） 5.45%
黑龙江万丰担保有限公司 3.33%

上海承裕资产管理合伙企业（有限合伙）

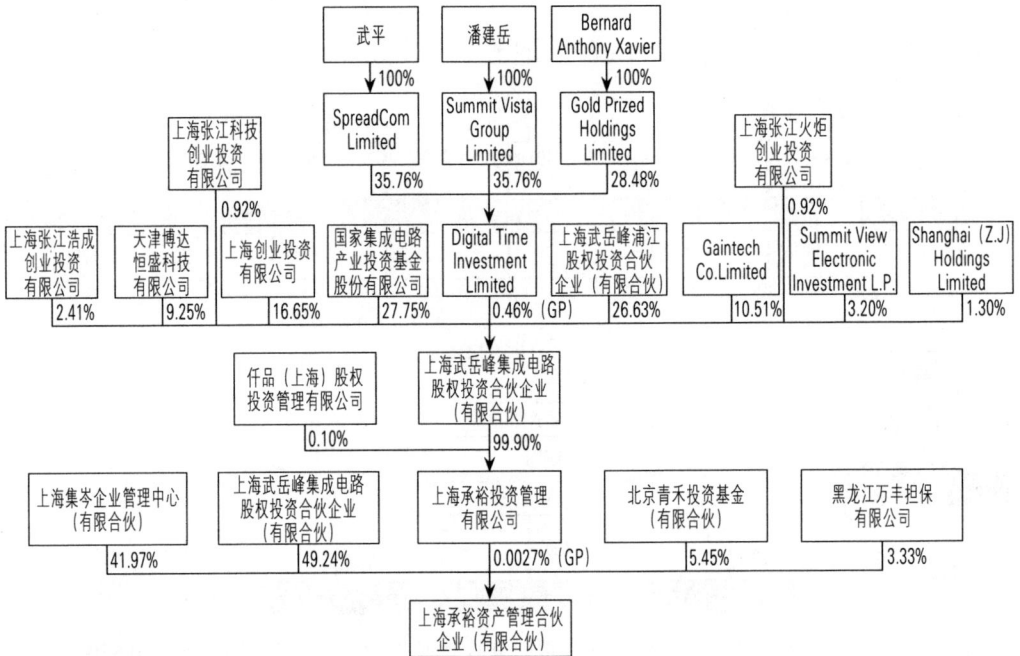

注：本书股权结构均以上市公司公告为准，由于披露不全或四舍五入等原因，部分公司股权之和不为100%。

图4-4　北京君正收购北京矽成首发预案发布时的上海承裕股权结构

资料来源：上市公司公告。

（2）最终方案直接收购标的资产，交易成功落地

2019年11月，北京君正发布修订后的收购预案，具体交易方案为北京君正及/或其全资子公司合肥君正以发行股份及支付现金的方式购买屹唐投资、华创芯原、上海瑾矽、民和志威、闪胜创芯、WM、AM、厦门芯华持有的北京矽成59.99%股权，以及武岳峰集电、上海集岑、北京青禾、万丰投资、承裕投资持有的上海承裕100%财产份额（交易结构见图4-5）。两者合计总交易对价为72.01亿元，对应北京矽成100%股权评估值为70.28亿元，其中现金对价为16.16亿元，在交易对价中的占比为22.44%；股份支付对价为55.85亿元，在交易对价中的占比为77.56%。本次收购完成后，北京君正将直接持有北京矽成59.99%股权，并通过上海承裕间接持有北京矽成40.01%股权，即直接及间接合计持有北京矽成100%股权（交易架构见图4-5）。

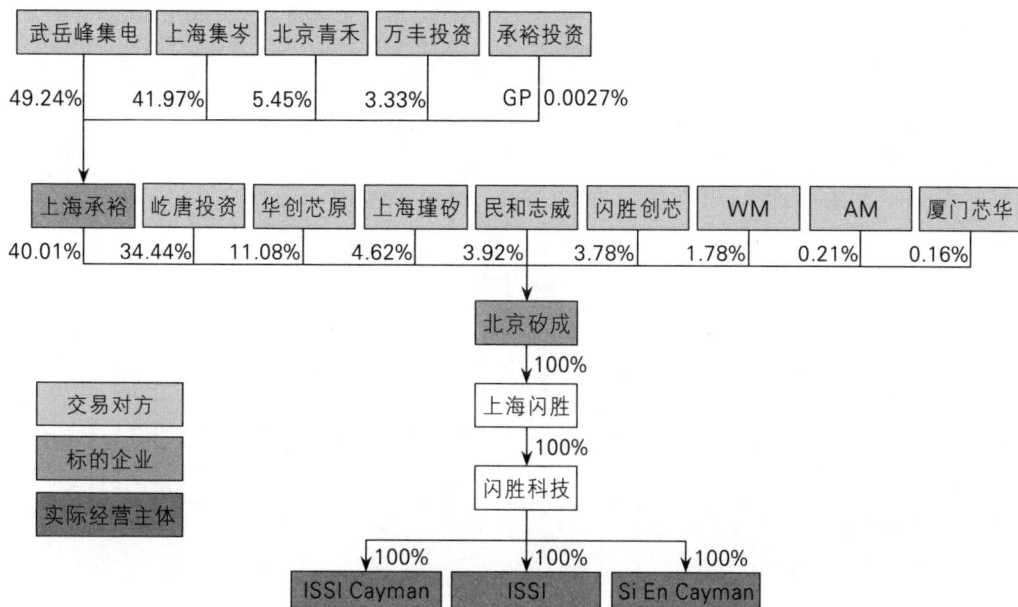

图4-5　北京君正收购北京矽成第二次预案的交易架构

资料来源：上市公司公告。

与首发收购预案比较，调整后的预案有两点不同：一是提高了对标的公司的收购比例；二是将间接收购的方式转变为了直接收购，并购基金得以直接通过出售标的的方式实现退出，这也确保了收购方对标的的绝对控制，使得交易最终成功落地。

3.案例四：提前锁定收购标的，入主并控制标的董事会

在韦尔股份收购北京豪威的案例中，在第一次收购遭到标的大股东明确拒绝的背景下，韦尔股份在启动第二次收购时，提前成功通过一系列交易锁定了收购标的的控制权。彼时，韦尔股份实控人虞仁荣控制的韦尔股份、香港韦尔、绍兴韦豪以及芯能投资和芯力投资合计持有北京豪威32.05%股权，为控制北京豪威股权最多的主体，为韦尔股份收购北京豪威扫清了障碍（北京豪威股权结构见图4-6）。同时，韦尔股份也持有青岛融通2.55%的股份。

北京豪威作为中外合资企业，其权力机构为董事会，由9名董事组成。虞仁荣自2017年9月起担任北京豪威董事，并于2017年9月29日担任北京豪威总经理兼首席执行官、美国豪威首席执行官，全面负责北京豪威的业务运营。而后，自2018年4月起，通过前述提到的一系列股权转让，虞仁荣以继承或约定的形式享有

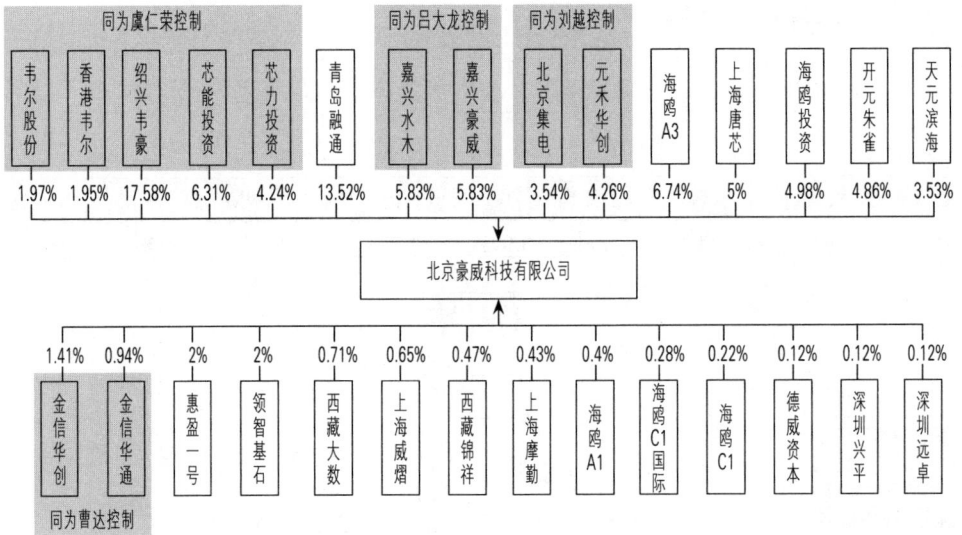

图4-6　北京豪威股权结构情况

资料来源：上市公司公告。

委派董事的权利，能够控制北京豪威董事会9名成员中6名董事人选的产生，为北京豪威的实际控制人（北京豪威董事会构成详见表4-5）。

表4-5　　　　　　　　　　　　北京豪威董事会构成情况

序号	姓名	职位	委派方	备注
1	虞仁荣	董事	韦尔股份	2017年9月由上海清恩委派，2018年9月韦尔股份受让上海清恩股权
2	贾渊	董事	绍兴韦豪	——
3	纪刚	董事	韦尔股份	——
4	陈大同	董事	Seagull（A3）	委派的人选需经虞仁荣同意
5	杨洪利	董事	Seagull Investments	委派的人选需经虞仁荣同意
6	吕大龙	董事长	北京集电	委派的两名人选中有一名需经虞仁荣同意
7	刘越	董事	北京集电	
8	韩冰	董事	青岛融通	——
9	潘建岳	董事	上海唐芯	——

资料来源：上市公司公告。

4.2 基于并购风险管理的视角

4.2.1 外部环境变化下的交易特殊性

以半导体产业、海底光缆信息产业、光伏产业为代表的新经济产业具有高度复杂、形态多样的特征，属于典型的技术产业，拥有知识产权驱动、高端人力资源驱动的属性。此外，其与国家核心产业发展与国际经济政治博弈紧密相关，受到政策扶持、财政补贴、出口管制等宏观政策的影响。案例中的闻泰科技收购欧菲光特定客户摄像头业务、亨通光电收购华为海洋和晶澳科技借壳天业通联，其交易机会便产生于国际贸易壁垒背景之下，而在交易完成之后并购主体也持续受到外部政治环境变化的影响。

1.案例一：闻泰科技收购欧菲光特定客户摄像头业务

（1）交易机会产生于中美贸易摩擦背景下

欧菲光因为收购索尼华南生产基地从而进入苹果供应链，成为其摄像头主力供应商，而在美国将欧菲光子公司列入实体清单后，为了保障供应链安全，苹果将欧菲光剔除出苹果供应链。欧菲光也将相关资产出售给所处半导体产业的闻泰科技，闻泰科技收购欧菲光特定客户摄像头业务的交易机会便产生于中美贸易摩擦的外部环境下。

除了并购实施后普遍面临的整合风险，对于买方闻泰科技而言，本次交易的并购风险在于：目标资产需待交易完成后通过境外特定客户审厂后才能重新获取订单，若广州得尔塔无法通过境外特定客户审厂，或通过审厂后无法及时取得足够的订单，广州得尔塔可能出现持续亏损、资产减值的风险，进而影响公司整体业绩；且交易完成后，为取得江西晶润的经营性资产对应的产品订单，闻泰科技需要另行租赁/建设厂房、搬迁设备、完善研发和生产团队并申请境外特定客户审厂，若闻泰科技无法完成前述工作并取得境外特定客户订单，闻泰科技从江西晶润购买的相关设备可能出现大额资产减值风险。

闻泰科技在完成资产交割和并表的 6 个月后，便实现产线投产和样品通过客户认证，产品也进入常态化批量出货阶段，从接触收编到供货的整合速度体现了闻泰科技高效的管理能力。而欧菲光方面，尽管最终美国将欧菲光子公司从 BIS 实体清单中移除，但受此影响，2022 年一季度欧菲光相关产品出货量同比大幅下降，业绩同比由盈转亏。

（2）并购达成之后，新经济企业仍面临外部不利冲击

在并购达成之后，外部国际政治环境的不确定性仍给新经济企业带来重重挑战。2022年下半年，美国总统拜登正式签署了《芯片和科学法案》，计划为美国半导体产业提供高达527亿美元的政府补贴，旨在通过强化美国本土芯片制造能力、掌控全球半导体供应链，达到在科技方面与中国"精准脱钩"的目的。该法案的影响体现在两个方面：一是美国可以通过对本土的英特尔、高通等芯片巨头企业加大投资，进一步增强本国在半导体领域的领导力；二是吸引更多日本、韩国，以及中国台湾等国家和地区半导体领军企业增加在美投资。此举将影响中国获取全球科技资源、资金支持和国际技术合作方面的能力，进一步削弱中国在半导体领域的竞争力。芯片法案中提到的美国主导的CHIP4联盟，将会在产能供应、技术与标准分享等方面对中国进行封锁，造成对中国的不利影响。受到外部环境压力，包括闻泰科技在内的中国芯片企业面临上游供应链危机、技术及知识产权压力。

2. 案例二：亨通光电收购华为海洋

（1）贸易战背景下出售意愿产生

随着中美贸易摩擦的升级，美国发起了全球抵制华为海缆的行动，在此背景下，华为海洋的发展受到较大影响。加之，海底光缆通信细分市场规模相对较小，海缆通信并非华为的核心业务，华为海洋对华为的业绩贡献度有限。华为2018年年报显示，华为公司2018年的销售收入为7 212亿元，华为海洋为华为贡献的收入为3.94亿元，净利润为1.15亿元，占华为全年总销售收入的0.055%。受限于细分市场的有限空间及国际政治经济环境，华为海洋后续的发展面临较大的不确定性，其股东华为产生出售意愿。

（2）收购完成后将持续面临国际贸易摩擦风险

21世纪以来，海底光缆因其重要的战略意义和经济价值受到越来越多的关注。2021年2月16日晚间，美国商务部以"违反美国外交政策或国家安全利益"为由，将37家外国机构列入"实体清单"①，其中34家来自中国，这34家包括多家海洋

---

① "实体清单"是美国商务部对特点对象实施出口限制的手段，凡被加入"实体清单"的企业，将受到美国《出口管制条例》的限制，在没有美国政府许可的情况下，特定商品、技术和服务不得提供给清单上的企业。

通信领域企业。美国商务部称，上述企业获取或试图获取美国制造的物品"用于军事目的"。

此次被列入"实体清单"的通信行业企业大多与海缆相关，这反映出了海洋通信战略地位的提升。海洋通信网络是国际间信息交互的重要载体，随着全球移动通信流量的爆发式增长，以及疫情时代大容量高速通信需求的激增，近年来全球海洋通信发展迅速，海洋光通信系统、海洋观测系统、海上风电、海洋装备等细分领域都呈现出了快速增长的态势。全球主要国家加紧对海洋通信的布局，以期占领新一轮技术和产业竞争的制高点。

对于本次交易而言，上述事件所引发的并购风险如下：其一，标的公司需要就部分元器件和设备重新寻找新供应商以替代其目前所采购的所有原产于美国的产品或技术，据此需要对部分产品重新设计以及进行可靠性验证，上述工作完成的时间存在不确定性；其二，本次交易完成后，虽然标的公司控股股东发生变更且已脱离华为体系，天津华海移出实体清单的可能性将有所增加，但鉴于当前中美间紧张的贸易摩擦氛围，以及未来一段时间内标的公司仍会与华为技术及其关联主体存在业务合作，天津华海可能会面临短期内无法成功从实体清单中移出的风险。

3.案例三：晶澳科技借壳天业通联

晶澳科技借壳天业通联的案例（详见附录A.5 案例五：晶澳科技借壳天业通联），表面上体现的是收购方借壳前后所处资本市场环境存在着估值体系的差异，深层次原因则体现了外部环境变化对于新经济企业发展的影响。光伏行业属于技术密集型和资本密集型产业，具有产品迭代快、研发投入大、工艺路线需持续迭代优化、相关基础材料也需持续投入和升级等特点。在当时的欧美贸易保护之下、中概股光伏企业面临困境，需借力A股资本市场平台寻求新的发展土壤，彼时证监会明确表示将支持优质境外上市中资企业参与A股上市公司并购重组，不断提升A股上市公司质量，交易机会便应运而生。而如今，随着中国光伏产业的话语权不断增强，欧美重振本土光伏制造、分散光伏供应链的决心也在加大。无论是美国的《维吾尔强迫劳动预防法案》，还是欧盟的绿色门槛，面对欧美的新型贸易壁垒，中国光伏产业仍需要建立更高层次的竞争力，向供应链多元化、低碳化迈进。

（1）中概股光伏企业面临危机，落后于A股同行新秀和美国本土企业

2012年，欧美联合对中国光伏发起反倾销反补贴贸易保护，彼时原料、技术、

市场"三头在外"的中国光伏遭遇重挫、步入寒冬。受此影响，中概股光伏企业在海外资本市场备受冷落，面临着估值下调、融资困难的不利境地。2013年原光伏龙头无锡尚德破产退市，2015年中电光伏因不符合持续上市标准从纳斯达克退市，由此引发了一场中概股光伏企业退市潮。

在纽交所上市10年后，晶澳太阳能股价表现惨淡。尽管2010年10月曾创下51.20美元（前复权）的股价纪录，然而随着市场的不景气，股价一路狂跌，直到2012年10月，由于连续30个交易日股价低于1美元，晶澳太阳能收到美国证交所的退市警告。

晶澳太阳能在美股的总市值也并不高，截至退市前，晶澳太阳能的总市值为3.51亿美元，市盈率7.76，市净率仅为0.34。参照国内A股光伏企业，按退市前夕A股光伏企业同期市盈率中位数34和市净率中位数2.79计算，晶澳太阳能如在A股上市，其市值应在102亿元以上；此外，美国本土光伏企业First Solar和Sun Power的总市值也分别高达56.31亿美元和10.59亿美元，远高于包括晶澳太阳能在内的中概股光伏企业。

（2）利用A股资本市场平台，提升融资和估值

作为技术与资本密集型行业，光伏企业需要拥有雄厚的资本投入及可持续的融资能力，以扩充产能。2015—2018年，A股光伏企业的资产负债率中位数和平均值在60%左右。受电站建设等长期资产投资、股东分红以及收购晶龙集团下属10家企业应付收购款项等因素影响，晶澳太阳能的资产负债率水平高于行业平均水平，且逐年上升（详见表4-6）。

自2007年在纳斯达克上市以来，晶澳太阳能仅在上市两年后发行过3.5亿美元可转债，以及两次通过增资配股募资4.2亿美元，共计募资7.7亿美元。鉴于中国光伏企业在美上市的品牌价值和融资价值不复存在，在光伏中概股回归潮之下，晶澳太阳能实控人决定推动晶澳回归A股，拓宽未来融资渠道。

4.2.2 高热度下的竞购风险

基于上述文献的理论体系，本书同时结合研究案例，将新经济领域的竞购风险来源进一步分成了以下三种类型，分别为并购交易对手方的阻碍、并购主体市场竞争者的阻碍、并购主体供应商的阻碍。

表 4-6   A股光伏企业的资产负债率   单位：%

时间\企业	2018年9月30日	2017年12月31日	2016年12月31日	2015年12月31日
隆基股份	59.07	56.68	47.35	44.62
亿晶光电	46.40	45.49	57.24	59.10
协鑫集成	78.78	79.31	79.42	75.77
东方日升	53.66	54.36	60.29	63.00
拓日新能	54.57	50.72	43.72	38.63
中利集团	67.62	70.90	76.41	73.45
平均值	60.02	59.58	60.74	59.10
晶澳太阳能	77.00	68.06	66.91	62.54

资料来源：Choice。

1.案例一：交易对手方风险

在韦尔股份收购北京豪威的案例中，第一次收购失败的主要原因便是遭到了标的第一大股东的反对。交易时间表如下：

2017年8月，韦尔股份发布公告称重组标的为北京豪威。

2017年9月4日，韦尔股份与深圳市奥视嘉创股权投资合伙企业（有限合伙）、Seagull Holdings Hong Kong Limited、Seagull Holdings Cayman Limited 等三十三位北京豪威现任股东（除珠海融锋）签订了重大资产重组框架协议，韦尔股份拟以发行股份的方式购买北京豪威三十三位股东合计持有的86.48%的股权。

2017年9月18日，北京豪威的第一大股东珠海融锋向北京豪威的所有股东发送了通知，表示明确反对其他股东将股权转让给韦尔股份。同时，珠海融锋表示无意放弃优先购买权，北京豪威公司章程规定应履行股权转让相关优先购买权程序。珠海融峰为有限合伙企业，拥有北京豪威11.787%股份。这表明，韦尔股份对其他三十三名股东所持股份的收购难以进行。

2017年9月26日，韦尔股份发布公告，宣布交易终止。

2.案例二：竞购方风险

在北京君正收购北京矽成的案例中，北京矽成是全球存储芯片龙头，在美国

CFIUS审核趋严、半导体行业中资海外并购愈加困难的情况下，作为已经被并购基金私有化的稀缺标的，吸引了兆易创新、思源电气、北京君正三家行业内上市公司参与竞购。

思源电气先于北京君正向北京矽成抛来了"橄榄枝"，拟受让矽成第一大股东的LP份额。2018年9月，思源电气公告称，其作为有限合伙人的上海集岑企业管理中心（有限合伙）（下称"上海集岑"）将以75亿元的估值，受让北京矽成大股东之一上海承裕资产管理合伙企业（有限合伙）（下称"上海承裕"）的有限合伙份额。2018年10月，思源电气再次公告称已经签署实质性投资框架协议，北京矽成最终估值为72亿，投资完成后，上海集岑将持有上海承裕99.9953%的合伙份额。上海承裕合计持有北京矽成41.65%的股权，其中40.01%的股权为直接持有，1.64%的股权通过上海闪胜创芯投资合伙企业（有限合伙）（下称"闪胜创芯"）间接持有。

思源电气下属合伙企业上海集岑与上海武岳峰集成电路股权投资合伙企业（有限合伙）（下称"上海武岳峰"）等交易对手方签署了《框架协议》、《可转换债权投资协议》和《有限合伙财产份额转让协议》等一揽子协议，拟购买标的公司上海承裕的全部有限合伙份额。具体交易方案主要分为以下两步：第一步，上海集岑以可转换成上海承裕新增有限合伙财产份额的可转债（不超过12.55亿元）向上海承裕进行投资，该投资款项由上海承裕用于归还上海承裕参与收购ISSI时产生的银团贷款、应付担保费等债务及费用；第二步，上海集岑向上海武岳峰及北京青禾支付份额转让款，购买其持有上海承裕全部有限合伙份额。第一步和第二步总对价确定为29.67亿元，交易资金来源将包括但不限于上海集岑合伙人的出资、银行等金融机构借款。2019年4月，上海集岑已经向上海承裕提供了12.4553亿元的借款，该笔借款已完成了债转股工商变更登记，上海集岑持有上海承裕41.9696%（对应财产份额为人民币76 875.55万元）的有限合伙财产份额。

2019年5月，经上海集岑全体投委会委员表决通过，决定终止履行交易第二步《有限合伙财产份额转让协议》，不再受让上海武岳峰和北京青禾所持有的剩余上海承裕有限合伙份额，并签署了相关《终止协议》，本次交易告终。思源电气竞购失败的主要原因有两点：一是在受让矽成第一大股东的LP份额的方案下，受限于标的其他股东在董事会决议中的表决权约束，思源电气不能实现对北京矽成的控制；

二是不敌具有更强竞购实力的竞购方北京君正。

3.案例三：标的供应商/客户风险

新经济领域的优质标的多具有稀缺性，出售时往往引起多个竞购方抛来"橄榄枝"，致使交易的不确定性较大、从产生收购意向到交割完成的耗时较长。在北京君正收购北京矽成的案例中，兆易创新是最早披露收购方案的竞购方。2017年年初，兆易创新公告以65亿元对价收购北京矽成100%股权，但后因ISSI重要供应商认为兆易创新与ISSI重组后将成为其有力竞争对手，强烈反对，导致交易告终。

2017年2月14日，兆易创新发布收购预案，拟通过发行股份及支付现金的方式，合计作价65亿元收购上海承裕、屹唐投资、华创芯原、闪胜创芯、民和志威合计持有的北京矽成100%股权，其中股份支付部分占比70%，现金支付部分占比30%。同时向名建致真、上海承芯、民和志威、昆山芯村、海厚泰资本、京创恒益、芯动能基金、兆浩投资、庆历投资和员工平台发行股份募集配套资金20.3亿元，用于支付本次交易的现金对价和中介费用。

2017年8月9日，兆易创新收到北京矽成下属主要经营实体 Integrated Silicon Solution，Inc.（以下简称"ISSI"）管理团队发出的供应商风险提示，ISSI某主要供应商认为兆易创新与ISSI重组后将成为其潜在的有力竞争对手，要求ISSI与其签署补充协议，约定在本次交易完成时其有权终止相关供应合同。兆易创新及交易对方认为该事项将在重组完成后对北京矽成未来经营业绩造成较大不利影响，交易双方认为本次交易难以按照原定方案继续推进并实施，决定终止本次交易。

标的公司北京矽成采用无晶圆厂（Fabless）运营模式，其上游主要是晶圆代工以及封装测试厂。在芯片产业链上，晶圆代工具有很强的寡头垄断属性，对于集成电路设计企业而言，晶圆是产品的主要原材料，由于晶圆加工对技术及资金规模的要求极高，不同类型的集成电路芯片产品在选择合适的晶圆代工厂时范围有限，导致晶圆代工厂的产能较为集中，因而在产品代工环节中，供应商在给芯片设计企业供货时存在不确定性。在收购的时点上，位于中国台湾的力晶科技和南亚科技是北京矽成前两大供应商，采购金额占当期金额的20%左右，采购内容为晶圆代工，而第三至第五大供应商的采购比例则远远落后于前述两家，均不足10%。兆易创新对ISSI的并购失败，反映出的是大陆地区半导体行业在国际产业链中处于相对弱势的地位，正是由于ISSI的重要供应商地位无可替代，当其反对并购进程，并以终止供应合同为威胁时，收购方不得不妥协。

4.2.3　新经济并购标的自身的不确定性

相较传统行业，新经济领域的企业多处于培育期、成长期，在行业定位、政策把控、技术路线和应用方向等方面具有不确定性和不稳定性。因此，新经济企业的并购难度更大、风险更高，更需具备对于产业发展预测和判断的前瞻性。

在TCL科技收购中环集团的案例中（详见附录A.6案例六：TCL科技收购中环集团），标的中环股份的主营业务围绕硅材料展开，横跨半导体产业和光伏产业，行业内硅片尺寸存在不同的技术路线和产业生态配套，对于TCL科技来说，并购中环集团便意味着押注了210mm的尺寸路径。

光伏用硅片通常以过几何中心的垂直长度来命名其尺寸。2010年之前，125mm尺寸硅片为行业主流，存在少量156mm尺寸硅片。2010—2018年，行业以156mm尺寸硅片（M1）为主。在此期间，2013年推出的156.75mm尺寸硅片（M2）和161.7mm尺寸硅片（M4），2018年推出的158.75mm尺寸硅片（G1），都是当时电池产线兼容尺寸下的延伸。2019年6月，隆基绿能以存量电池产线能接受的极限尺寸推出166mm尺寸硅片（M6），同年9月中环股份参考半导体经验推出210mm尺寸硅片（M12）。2020年6月，以隆基、晶科、晶澳为首的企业联合发布182mm尺寸硅片（M10）倡议。至此166mm、182mm、210mm 3个尺寸成为市场主流。

目前，硅片未来的尺寸之争主要集中在182mm和210mm上，2020年进入白热化阶段。182mm尺寸硅片主要是由隆基股份牵头，晶澳、晶科等多家公司联名提倡，210mm尺寸硅片则是以天合、通威、东方日升、中环股份等8家企业为主。182mm和210mm的尺寸之争目前尚无定论，具体情况预计在今后几年内逐渐明朗。

4.2.4　高评估增值率下的估值定价风险

新经济企业并购时多使用收益法，估值增值率高是普遍现象，处于热门板块或科技风口的企业往往很容易在并购中获得高估值。例如，存储芯片和模拟芯片正处于国产化的重要转折点，海底光缆通信网络建设正迎来重要的发展窗口期等。

1.案例一：标的企业的高估值风险

在亨通光电收购华为海洋的案例中，该评估最终将收益法评估结果197 000万元作为标的公司股东全部权益的评估值，较华为海洋股东权益账面价值（母公司报表）评估增值164 529.11万元，增值率高达506.70%。然而，标的公司却存在盈利能力下滑明显、关联交易占比高的问题。具体表现为：

其一，标的公司整体业绩表现并不乐观。2017年至2019年上半年，华为海洋分别实现营业收入16.5亿元、18.25亿元、6.16亿元，2018年营业收入增长10.61%，收入增长表现一般；同期实现的净利润分别为2.23亿元、1.62亿元、6 523.46万元，2018年净利润大幅下滑27.26%。根据并购报告书中的业绩预测，标的公司在2019年至2022年的净利润增速预计分别为–41.84%、46.32%、28.86%、15.02%，但标的公司近期业绩表现不佳，未来业绩增长存在较大的不确定性。华为海洋业务包括海缆通信网络建设业务及智慧城市业务，评估基准日标的公司在手订单在2020年预计收入合计达2.782亿美元，折算人民币为19.41亿元，比2019年预测的营业收入仅增长4.95%，表明华为海洋2020年预测收入大幅增长的原因不是目前在手订单，而是新订单的增加。如果收购后，亨通光电不能解决华为海洋未来新订单的承接问题，那么将难以保证其未来业绩的增长。

其二，华为海洋的"独立性"成关键问题，其在业务经营上对华为技术依赖度较高。华为海洋新建海缆网络项目占主营业务收入比重为77.80%，但在项目获取阶段，华为海洋主要采用返签业务模式，即客户需求通过华为技术在全球各地的子公司传递至标的公司，华为海洋并不具备独立的签约能力。并购报告书显示，签约时，除直接签约外，部分项目由于境外客户要求承接项目的供应商必须为当地企业以及货币结算方式、对项目承包商整体规模有所要求等，因此会借助华为技术或其在项目当地的子公司完成签约，再将协议返签给标的公司。这表明华为海洋在主要业务项目的获取上依赖华为技术在全球范围内的业务布局与相关资质，也正是由于华为海洋的业务主要通过协议返签的模式实现，导致了其与华为技术存在大量的关联交易。2017年、2019年、2019年1—6月，华为技术及其下属公司一直为华为海洋的第一大客户，其贡献的收入占比分别达88.96%、76.71%、43.28%。同时，华为控股及其子公司也是其重要供应商，向其采购占比分别达15.60%、16.40%、7.78%。

研究案例中，亨通光电并购华为海洋呈现出许多新经济企业并购估值时的普遍问题，即高估值风险问题，主要原因包括估值者对于新经济的价值构成认识不清晰、运用的评估方法对新经济企业不完全合适等。

5 研究结论

基于前述对并购理论基础及现有研究文献的梳理，结合8宗新经济行业上市公司的并购案例实践，本书以并购交易和并购风险为核心关注点，得到了以下研究结论：

一方面，本研究认为，区别于传统行业，新经济企业在并购交易方案设计时具有如下突出特点：其一，对于以高端人力资源和高技术研发为主要生产要素、以非线性和高效益增长为成长逻辑的新经济企业而言，新经济企业的业绩承诺方案呈现出了灵活性和多样性的特点。其二，知识经济和信息经济成为当前企业新价值创造的主要手段，掌握知识和技能的人力资源进而成为最重要的生产要素，并购标的的人力资源价值成为交易方案设计中的重要考量因素。其三，标的优质资产的属性叠加产业并购的逻辑，共同推高了新经济企业拟收购标的的市场估值，并进一步对收购方的资金筹措能力提出了更高的要求，成为了影响交易的关键因素，融资方式和支付工具的选择需要慎之又慎。其四，新经济企业的并购，因其不确定性更高，并购风险更大，并购整合难度更高，收购方往往更加重视对标的的有效管理。鉴于并购方式与标的管控程度、业绩并表和整合效果紧密相关，并购前，收购方便需要对整体的收购节奏与收购步骤做出清晰规划，平衡协商好标的层面不同交易对手方的利益和诉求，也使得收购方在设计交易方案时将标的管控能力纳入关键考虑因素。

另一方面，相较于传统行业，本研究认为，新经济企业的并购风险在以下方面表现更加突出：其一，新经济企业自身通常处于生命周期的初始培育阶段和快速增长阶段，技术路线、产品验证和商业化兑现方面均存在着较大的不确定性，因此，新经济企业的并购难度更大、风险更高，更需要具备对于产业发展预测和判断的前瞻性。其二，部分新经济企业与国家核心产业发展和国际经济政治博弈紧密相关，受到政策扶持、财政补贴、出口管制等宏观政策的影响，因此对于外部环境的变化特别是对政策不确定性的反馈往往更加明显和剧烈，为了抵御风险和应对不确定性，新经济企业的并购交易机会便因此应运而生，而在交易完成之后并购主体也持续受到外部政治环境变化的影响，存在着持续的并购后风险。其三，相较于传统企业，新经济企业在开展并购活动时，往往面临更为突出的竞购风险。一方面，往往具有高附加值、产业链和供应链复杂的特征，因而在开展并购活动时也更容易吸引诸多产业链上下游供应商和客户的瞩目；另一方面，新经济企业因尚处高速成长阶段和产业红利期，产业格局未定，外部竞争环境较为激烈，因而在开展并购活动时也往往吸引着同行业和跨界竞争者的关注，因此存在着来自交易对手方、竞购方、标的供应商及客户的风险。其四，新经济企业存在着更为显著的估值定价风险，新经济企业并购时多使用收益法，估值增值率高是普遍现象，处于热门板块或科技风口的企业往往很容易在并购中获得高估值，主要原因有估值者对于新经济的价值构成认识不清晰、运用的评估方法对新经济企业不完全适用等。

参考文献

[1] Faccio M, Masulis R W. The choice of payment method in european mergers & acquisitions [J]. Social Science Electronic Publishing, 2005 (6).

[2] Myers S C, Majluf N S. Corporate financing decisions when firms have information investors do not have [J]. Journal of Financial Economics, 1984, 13 (2): 187-221.

[3] Uysal V B. Deviation from the target capital structure and acquisition choices [J]. Journal of Financial Economics, 2011, 102 (3): 602-620.

[4] Alshwer A A, Sibilkov V, Zaiats N S. Financial constraints and the method of payment in mergers and acquisitions [J]. SSRN Electronic Journal, 2011.

[5] Cadman B, Carrizosa R, Faurel L. Economic determinants and information environment effects of earnouts: New insights from SFAS 141 (R) [J]. Journal of Accounting Research, 2014, 52 (1): 37-74.

[6] Weber L L. Expanding the definition of bounded rationality in strategy research: An examination of earnout frames in M&A. [D]. University of Southern California, 2010.

[7] Li L, Tong W. Information uncertainty and target valuation in mergers and acquisitions [J]. Journal of Empirical Finance, 2018: S0927539817300853.

[8] Barbopoulos L G, Sudarsanam P. Determinants of earnout as acquisition payment currency and bidder's value gains [J]. Journal of Banking and Finance, 2012, 36 (3).

[9] Chui A B, Ip W. Improving merger and acquisition decision-making using fuzzy logic and simulation [J]. International Journal of Engineering Business Management, 2017, 9: 184797901771152.

[10] Bhagwat V, Dam R, Harford J. The real effects of uncertainty on merger activity [J]. Review of Financial Studies, 2016, 29 (11): 3000-3034.

[11] Marks M L, Mirvis P H. Rebuilding after the merger: Dealing with survivor sickness. [J]. Organizational Dynamics, 1992, 21 (2): 18-32.

[12] Granstrand O, Sjolander S, Houser D, et al. The acquisition of technology and small firms by large firms [J]. Jounral of Economic Behavios and Organization, 1990.

[13] Birkinshaw J, Bresman H, Hkanson L. Managing the post acquisition integration process: How the human iintegration and task integration processes interact to foster value creation [J]. Journal of Management Studies, 2000, 37 (3).

[14] Carriquiry J M. Impact of plant takeover on employee turnover: Cutting fat or losing

talent？［J］．Social Science Electronic Publishing，2014.

［15］ Lee K H，Mauer D C，Xu Q E. Human capital relatedness and mergers and acquisitions ［J］．Social Science Electronic Publishing，2018.

［16］ Chatt R，Gustafson M，Welker A. Firing frictions and the U. S. mergers and acquisitions market ［J］．Journal of Banking & Finance，2021，128（2）：106139.

［17］ Bonaime A，Gulen H，Ion M. Does policy uncertainty affect mergers and acquisitions？［J］．Journal of Financial Economics，2018，129（3）.

［18］ Gennaro B，Evgeny L. The effects of horizontal merger operating efficiencies on rivals，customers and suppliers ［J］．Review of Finance，2018（1）：1.

［19］ Brotherson W T，Eades K M，Harris R S，et al. Company valuation in mergers and acquisitions：How is discounted cash flow applied by leading practitioners？［J］．Journal of Applied Finance：theory，practice，education 24.2，（2014）：43‐51.

［20］ Nguyen N H，Phan H V. Policy uncertainty and mergers and acquisitions ［J］．2016（2）.

［21］ Antoniou A，Arbour P，Zhao H. How much is too much：Are merger premiums too high？［J］．European Financial Management，2008，14（2）.

［22］ Carriquiry. M&A and employee turnover：Who's leaving？［J］．Social Science Electronic Publishing，2023（10）.

［23］ Thompson E K，Kim C. Post‐merger and acquisition performance and risk factors：an international study ［J］．The Journal of Risk Management，2020，31（3）：29‐66.

［24］ Bijwaard J. The role of human resource management in post‐acquisition Integration ［J］．2012.

［25］ Garfinkel J A，Schwert G W. The role of risk management in mergers and merger waves ［J］．Journal of financial economics，2011（3）：101.

［26］ 苏文兵，李心合，李运.公司控制权、信息不对称与并购支付方式 ［J］．财经论丛，2009（5）：7.

［27］ 戴榕，干春晖.不同模式下企业并购绩效的实证分析 ［J］．上海管理科学，2002（5）：3.

［28］ 陈洁，徐虹，林钟高.负债财务柔性、投资机会与并购支付方式 ［J］．财会通讯（下），2015（9）：4.

［29］ 杨志海，赵立彬.融资约束、支付方式与并购绩效的关系研究 ［J］．证券市场导报，2012（5）：5.

［30］ 万迪昉，高艳慧，徐茜.应对并购风险的可转债与阶段性支付模型与案例研究 ［J］．中国管理科学，2012，20（5）：9.

［31］ 陈海燕，李炎华.中外公司购并支付方式的比较研究 ［J］．河海大学学报（哲学社会科学版），1999（1）：5.

［32］ 张晶，张永安.主并方股权结构与并购支付方式的选择 ［J］．金融理论与实践，2011（6）：5.

［33］ 周佳花.浅析我国上市公司并购融资方式的选择 ［J］．现代商业，2016（23）：2.

［34］ 王竞达，范庆泉.上市公司并购重组中的业绩承诺及政策影响研究 ［J］．会计研究，2017（10）：7.

[35] 谢欣灵.A股上市公司并购重组过程中的业绩承诺问题研究 [J].时代金融，2016（8）：2.

[36] 翟进步，李嘉辉，顾桢.并购重组业绩承诺推高资产估值了吗 [J].会计研究，2019（6）：8.

[37] 李晶晶，郭颖文，魏明海.事与愿违：并购业绩承诺为何加剧股价暴跌风险？[J].会计研究，2020（4）：8.

[38] 周小春，李善民.公司并购价值创造影响因素的整合研究 [C]//并购论坛.北京交通大学，2007.

[39] 朱荣，温伟荣.高业绩承诺下我国上市公司并购重组估值风险研究 [J].中国资产评估，2019（9）：10.

[40] 王海南.企业并购估值阶段财务风险与应对 [J].经营管理者，2013（3）：2.

[41] 李爱华，包锴.企业价值评估风险类别及控制对策 [J].商业会计，2017（12）：2.

[42] 罗宏，陈韵竹，白雨凡.贸易政策不确定性与企业海外并购：消极应对还是积极扩张？[J].国际金融研究，2022（12）：11.

[43] 任曙明，王倩，李洁敏.成长冲动与风险对冲：经济政策不确定性如何影响企业海外并购 [J].当代经济科学，2021，43（4）：15.

[44] 张伟，刘忻忆.高溢价视角下的游戏企业并购对赌协议防范商誉减值风险研究——以神州泰岳并购天津壳木为例 [J].公共财政研究，2018（5）：15.

[45] 钞小静，薛志欣，王宸威.中国新经济的逻辑、综合测度及区域差异研究 [J].数量经济技术经济研究，2021，38（10）：3-23.

[46] 钞小静，薛志欣，王昱璎.中国新经济的测度及其经济高质量发展效应分析 [J].人文杂志，2021（8）：12.

[47] 张其仔.加快新经济发展的核心能力构建研究 [J].财经问题研究，2019（2）：3-11.

[48] 肖万，林冰儿，张玉琨，等.并购支付方式，融资方式与信号效应 [J].投资研究，2021，40（8）：11.

[49] 付建彬.上市公司并购支付方式的比较研究 [D].杭州：浙江大学，2006.

[50] 赵建武.中国上市公司并购重组中的支付方式与绩效 [D].上海：华东师范大学，2018.

[51] 朱文莉.企业并购交易定价问题研究 [D].北京：北京交通大学，2013.

[52] 赵敏.并购交易中对价问题浅析 [J].法制博览，2020（20）：114-115.

[53] 刘雨婷.高新技术企业并购估值风险研究 [D].大连：东北财经大学，2020.

[54] 陈蕾，邢盼盼，肖力，等.企业并购投资价值评估的现状分析与重点研判 [J].中国资产评估，2021.

[55] 严漫.上市公司重大资产重组估值问题分析 [D].上海：华东政法大学，2021.

[56] 许倩.我国上市公司并购交易模式研究 [D].北京：北京交通大学，2013.

[57] 李圆超.上市公司并购重组中交易结构设计研究 [D].杭州：浙江大学，2016.

[58] 高原.并购重组的交易结构设计：维度与工具 [J].中国集体经济，2020（30）：2.

[59] 于文姣.企业并购重组中交易结构设计的研究 [D].北京：北京交通大学，2017.

[60] 许珉尘.基于业绩承诺视角的企业并购风险分析 [D].北京：北京交通大学，2020.

[61] 原红旗，高翀，施海娜.企业并购中的业绩承诺和商誉减值 [J].会计研究，2021（4）：60-77.

[62] 窦炜，Sun Hua，郝颖."高溢价"还是"高质量"？——我国上市公司并购重组业绩承诺

可靠性研究 [J]. 经济管理，2019，41（2）：156- 171.

[63] 史启昕.买方业绩承诺的交易结构设计及市场反应 [D]. 成都：西南财经大学，2020.

[64] 张露露.我国A股上市公司并购融资中的融资偏好研究 [D]. 郑州：河南大学，2020.

[65] 顾水彬，曹阳.分步收购与商誉规避问题研究 [J]. 中国注册会计师，2022（10）：99- 103.

[66] 刘叙辰.企业并购风险分析及管理研究 [D]. 南京：南京大学，2016.

[67] 刘凤芹，苏美丽.战略性新兴产业突破性创新路径：技术并购还是自主研发 [J]. 科学学与科学技术管理，2022，43（8）：20.

[68] 林蔚然.上市公司重大资产重组：架构，沿革与逻辑 [J]. 投资者，2020（2）：19.

[69] 方重，王伟，王一添.注册制与上市公司再融资机制 [J]. 中国金融，2022（10）：35- 37.

[70] 巴曙松，方云龙，柴宏蕊.资本市场双向开放下的中概股回归：动因、影响与应对 [J]. 清华金融评论，2021（9）：27- 29

[71] 郭庆红，易荣华.中美经贸摩擦下中概股回归上市的市场效应分析 [J]. 金融理论与实践，2022（12）：23- 31.

附录A：新经济企业并购案例背景情况

本案例研究基于公开信息整理和分析，不涉及上市公司敏感信息，实际情况有待后续进一步深度研究和考察，如与实际交易情况有所出入，还请以实际情况为准。

A.1 案例一：韦尔股份收购北京豪威

A.1.1 交易背景

1. 收购方

韦尔股份主营半导体设计及分销业务，其中设计业务的主要产品包括分立器件、电源管理 IC、射频芯片、卫星接收芯片等，分销业务为代理销售国内外著名半导体生产厂商的产品。2017 年 8 月，韦尔股份公告称拟以发股方式购买北京豪威86.48% 的股权，但遭到豪威第一大股东反对，交易终止。2018 年 12 月，韦尔股份再次发布重大资产重组交易预案，拟以发股方式购买北京豪威 85.53% 股权，并购总规模达 130 亿元，2019 年 6 月，该交易事项获得证监会核准。在启动第二次收购时，韦尔股份的总市值近 160 亿元，净利率不足 5%，资产负债率高企，股价也落后于同期行业和大盘指数，客观上存在改善经营业绩的动力（详见表 A–1 和图A–1）。

2. 标的方

北京豪威是本次交易的收购标的，其成立目的为在 2016 年收购原纳斯达克上市主体所有公众股东股份后，获取 100% 美国豪威的控制权。北京豪威的主要业务由其下属公司美国豪威经营，美国豪威是 CMOS 图像传感器（具有多种光学摄像头的核心电子元器件）行业中仅次于索尼、三星排名前三的世界级芯片研发设计和销售企业，技术领先优势明显。产品的应用领域主要涉及智能手机、车载摄像头、医疗摄像头、监控设备、无人机、VR/AR 摄像头等方面。主要的手机制造厂商华为、小

表A-1	韦尔股份收购前的财务表现	金额单位：万元
项目	2018.12.31	2017.12.31
资产总额	459 987.23	282 4900.82
归属于母公司的所有者权益	163 555.60	117 976.44
资产负债率（%）	64.25	57.85
项目	2018年	2017年
营业总收入	396 350.94	240 591.63
利润总额	12 278.42	14 538.77
归属于母公司股东的净利润	13 8800.44	13 715.63
经营活动产生的现金流量净额	540.19	-27 195.43
毛利率（%）	23.41	20.54
基本每股收益（元/股）	0.32	0.34

资料来源：上市公司公告。

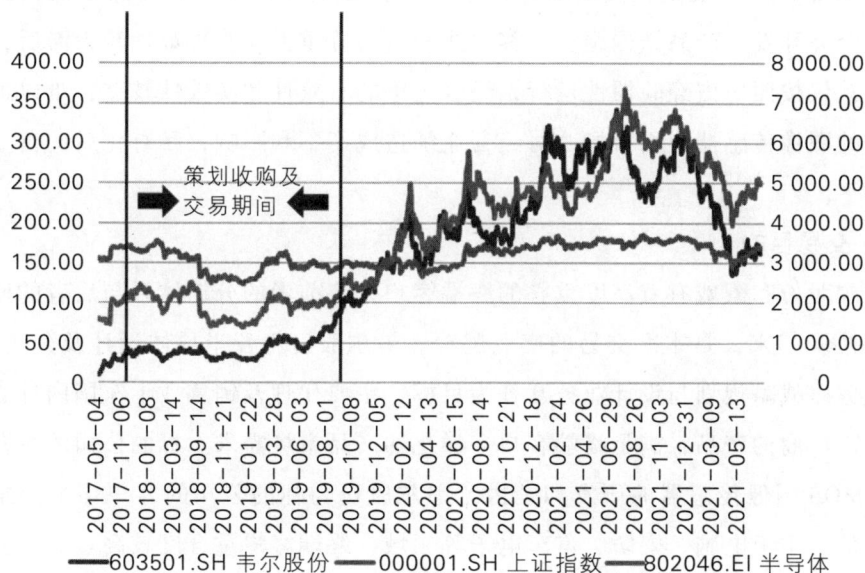

图A-1　韦尔股份策划收购及交易期间的股价表现

资料来源：上市公司公告。

米、OPPO 等均是美国豪威图像传感器产品的使用者，美国豪威在市场渠道和客户资源方面具有较为稳定的合作伙伴。

CMOS 图像传感器行业属于知识密集型行业，对产业化运作有着很高的要求，在技术、产业整合、客户、人才、资金及规模等方面存在较高的进入壁垒。CMOS 图像传感器设计企业需要在电子学、材料学、光学等多种学科具有深厚的技术积累，并与具有较强实力的上游晶圆加工厂和下游模组厂建立长期稳定的合作关系，才能在市场竞争中脱颖而出。因此，CMOS 图像传感器行业市场集中度较高。除上述三家企业以外，安森美（ON Semi）于 2014 年收购了汽车 CMOS 图像传感器领先企业 Aptina 公司，在汽车 CMOS 图像传感器领域有一定市场优势。

标的于 2016 年被中国财团组成的并购基金从美股私有化后，债务负担大幅增加，业绩表现平平，出售意愿强烈，对产业投资方青睐有加。美国豪威私有化主要由财务投资者主导。一方面，财务投资者缺乏半导体行业企业经营经验，对 CMOS 图像传感器市场变化敏感性较低；另一方面，美国豪威因私有化新增长期借款 8 亿美元，截至 2018 年 12 月 31 日，北京豪威合并口径负债总额 49.67 亿元，财务压力显著增加，对大规模投资决策趋向于保守。在这种情况下，美国豪威新技术研发、新产品开发、产品结构调整、客户路径重塑等重大经营决策均较为滞后，公司生产经营仅按照历史经验惯性运行，经营决策的有效性和实效性较差，难以适应瞬息万变的图像传感器应用市场，对经营业绩造成了不利影响，私有化后的营业收入增速平平。

A.1.2 交易目的

韦尔股份和豪威有着高度重叠的终端客户，将前者的分销体系与后者的研发技术优势协同起来，是本次交易的产业逻辑。韦尔股份主营半导体设计及分销业务，分销业务以战略规划与设计业务互补为目标，主要代理及销售数十家国内外著名半导体生产厂商的产品，满足终端客户多样化的产品市场需求。标的公司的主营业务均为 CMOS 图像传感器的研发和销售。韦尔股份与标的公司的客户均主要集中在移动通信、平板电脑、安防、汽车电子等领域，终端客户重合度较高。

本次交易，对于韦尔股份而言，一方面能够丰富公司设计业务产品类别，带动公司半导体设计整体技术水平快速提升；另一方面也为公司带来移动通信、安防、汽车电子、医疗等领域优质的客户资源。此外，韦尔股份自身拥有较强的半导体分

销体系和供应链体系以及高执行力的现场技术支持工程师团队。标的公司主要从事
芯片设计，借助韦尔股份的分销渠道优势，能够快速获取更全面的市场信息，标的
公司可以将精力集中于客户设计方案的理解和芯片产品研发上，进而使得公司整体
方案解决能力得到加强，为客户提供更好的解决方案及专业化指导。

根据立信会计师事务所出具的上市公司审阅报告，假设上市公司以2017年1
月1日为基准日完成对标的公司的合并，上市公司2017年、2018年主营业务收入
构成及占比情况见表A-2。

表A-2　　　　合并前后收购方与标的方主营业务收入构成及占比情况　　　金额单位：万元

项目	2018年		2017年	
	收入（交易前）	比例（%）	收入（交易前）	比例（%）
半导体设计	83 090.14	20.99	72 133.19	30.10
半导体分销	312 772.64	79.01	167 497.92	69.90
合计	395 862.78	100.00	239 631.11	100.00
项目	2018年		2017年	
	收入（交易后）	比例（%）	收入（交易后）	比例（%）
半导体设计	996 733.97	78.03	1 020 676.68	86.25
半导体分销	280 647.75	21.97	162 759.48	13.75
合计	1 277 381.72	100.00	1 183 436.16	100.00

资料来源：上市公司公告。

A.1.3　交易方案

1.交易时间表

（1）私有化完成

2016年2月，以华创投资为首的中国财团设立并购基金，以19亿美元对价成
功私有化纳斯达克上市的图像传感器巨头豪威科技。

（2）北京君正的收购与终止

2016年12月，北京君正推出预案，拟作价120亿元收购并购基金北京豪威。

2017年3月，该交易终止。该次终止系因再融资新规的出台，影响了上市公司的"锁价配融"，一是无法绑定标的美国豪威的员工，对境外标的员工及管理层的利益和诉求进行安排；二是在发行股份购买资产后，无法巩固实控人对于上市公司的控制权。

（3）韦尔股份的第一次收购与终止

2017年8月，韦尔股份公告称重组标的为北京豪威，拟以发行股份的方式购买北京豪威三十三位股东合计持有的86.4793%的股权。但北京豪威最大的股东珠海融峰对此提出反对意见，并表示无意放弃优先购买权。2017年9月，韦尔股份发布公告，宣布交易终止。

（4）韦尔股份第二次成功收购北京豪威

2018年12月1日，韦尔股份发布重大资产重组交易预案，韦尔股份拟以发行股份的方式购买25名股东持有的北京豪威85.53%股权。

2019年6月22日，韦尔股份关于公司发行股份购买资产并募集配套资金暨关联交易事项获得中国证监会核准批文。

2019年7月30日，北京豪威85.53%的股权已过户至韦尔股份名下，最终韦尔股份以价值135亿元股份加上16.87亿元现金，合计约152亿元成功收购北京豪威。

2019年8月6日，韦尔股份披露配套募集资金发行的定价基准日，即本次非公开发行股票发行期首日为2019年8月6日。

2019年8月30日，上海韦尔半导体股份有限公司发行股份购买资产新增股份、募集配套资金非公开发行新增股份上市。

2.交易结构

2018年12月，韦尔股份发布《韦尔股份发行股份购买资产并募集配套资金暨关联交易报告书（草案）》，拟以发行股份的方式购买25名股东持有的北京豪威85.53%股权，按照协商确定的33.88元/股（2019年除息后）的股票发行价格，交易对价为130.23亿元。同时，韦尔股份拟采取询价的方式向不超过10名符合条件的特定投资者非公开发行股份募集配套资金不超过20亿元，用于标的公司建设项目及支付中介机构费用（发行价格和定价依据详见表A-3）。本次发行股份购买资产不以募集配套资金的成功实施为前提，最终募集配套资金成功与否不影响本次发行股份购买资产行为的实施，如本次募集资金不足或未能实施完成，公司将以自筹资金的方式解决。本次交易构成重大资产重组，不构成重组上市。

交易方案构成	股份发行价格	定价依据
发行股份并支付现金购买资产	33.88元/股	公司第三届董事会第十二次会议决议公告日前60个交易日的公司股票均价的90%，并在此基础上扣减现金红利0.45元/股
募集配套资金	57.68元/股	询价发行，募集配套资金的定价基准日为本次非公开发行股票发行期的首日，股份发行价格不低于定价基准日前20个交易日上市公司股票交易均价的90%

表A-3　　　　　　　　　　交易方案中的股份发行价格及定价依据

资料来源：上市公司公告。

本次交易前北京豪威股权结构及控制关系见图A-2。

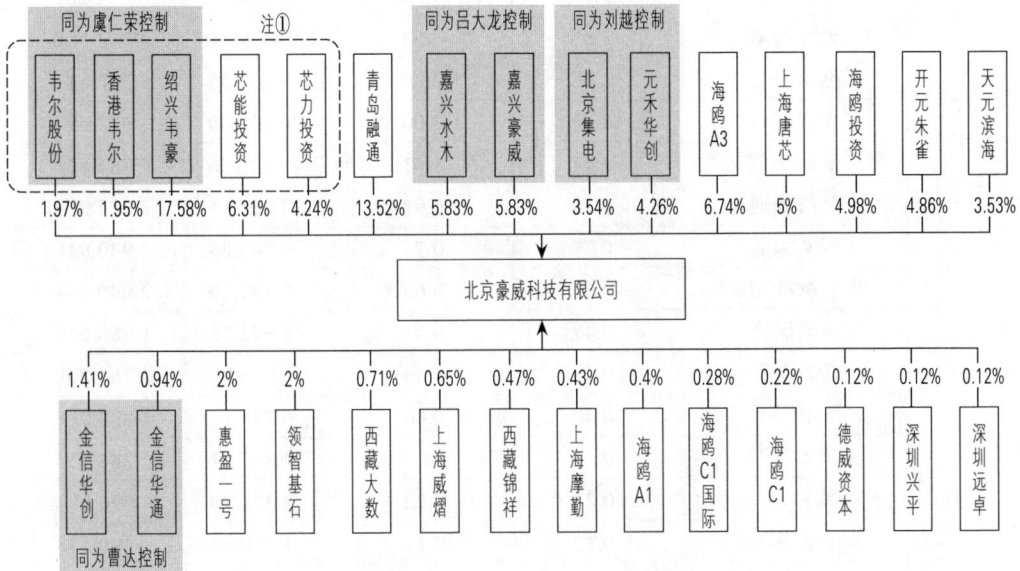

图A-2　本次交易前北京豪威股权结构及控制关系图

资料来源：上市公司公告。

本次发行股份购买资产的交易对手方及股份发行情况见表A-4。

表A-4　　　　　　　发行股份购买资产的交易对手方及股份发行情况

标的资产	交易对方	持有标的资产股权比例（%）	本次交易资产占标的资产比例（%）	本次交易获得的对价总额（万元）	发行股份数（股）
北京豪威85.53%股权	绍兴韦豪	17.58	17.58	272 427.46	80 409 522
	青岛融通	13.52	13.52	209 570.44	61 856 681
	海鸥A3	6.74	6.74	104 403.34	30 815 626
	嘉兴水木	5.83	5.83	90 363.46	26 671.624
	嘉兴豪威	5.83	5.83	90 363.46	26 671.624
	上海唐芯	5.00	5.00	77 500.00	22 874 852
	海鸥投资	4.98	4.98	77 176.58	22 779 392
	开元朱雀	4.86	4.86	68 515.33	20 222 943
	元禾华创	4.26	4.26	65 995.04	19 479 056
	北京集电	3.54	3.54	54 832.37	16 184 287
	天元滨海	3.53	3.53	49 819.115	14 704 590
	惠盈一号	2.00	2.00	28 230.85	8 332 601
	领智基石	2.00	2.00	28 200.00	8 323 494
	金信华创	1.41	1.41	19 927.66	5 881 836
	金信华通	0.94	0.94	13 285.11	3 924 224
	西藏大数	0.71	0.71	9 963.83	2 940 918
	上海威熠	0.65	0.65	10 132.26	2 990 631
	西藏锦祥	0.47	0.47	6 642.55	1 960 612
	上海摩勤	0.43	0.43	6 048.90	1 785 389
	海鸥A1	0.40	0.40	6 210.15	1 832 985
	海鸥C1国际	0.28	0.28	4 345.97	1 282 754
	海鸥C1	0.22	0.22	3 374.76	996 091
	德威资本	0.12	0.12	1 660.64	490 153
	深圳远卓	0.12	0.12	1 660.64	490 153
	深圳兴平	0.12	0.12	1 660.64	490 153
	小计	85.53	85.53	1 302 310.62	384 389 191

资料来源：上市公司公告。

本次配套融资的股份发行认购情况见表A-5。

表A-5　　　　　　　　　　配套融资的股份发行认购情况

序号	获配对象名称	最终获配股数（股）	认购金额（元）
1	富国基金管理有限公司	2 600 554	149 999 954.72
2	国元国际控股有限公司	1 959 084	112 999 965.12
3	九泰基金管理有限公司	1 213 592	69 999 986.56
4	博时基金管理有限公司	693 481	39 999 984.08
5	南方基金管理股份有限公司	540 000	31 147 200.00
	合计	7 006 711	404 147 090.48

资料来源：上市公司公告。

本次发行后，根据发行股份购买资产及募集配套资金的股份登记，虞仁荣直接持有韦尔股份的 32.35%，通过其控制的绍兴韦豪间接控制上市公司总股本的 9.36%，虞仁荣控制股份数合计上市公司总股本的41.71%，仍为控股股东及实际控制人。尽管本次交易采用了发行股份购买资产和发行股份配套融资的方案，但发股的稀释效应未导致上市公司的控制权变更。

3.估值定价

根据立信评估出具的《北京豪威评估报告》（信资评报字（2018）第 40136号），立信评估分别采用收益法和资产基础法两种方法对北京豪威股东全部权益进行评估。选择该评估方法的理由为：一是对市场法而言，由于无法取得与被评估企业相关行业、相关规模企业转让的公开交易案例，亦无法取得足够的参考企业，故本次评估不具备采用市场法的适用条件。二是北京豪威为持股公司，持有美国豪威100%股权。美国豪威于1995年5月成立于美国加利福尼亚州，成立时间较长，退市前为美国纳斯达克交易所上市公司。美国豪威及其子公司从事设计、开发和销售高性能的半导体图像传感器设备，是全球 CMOS 图像传感器行业的知名企业，近年来业务发展及经营状况良好，有稳定的现金流，且收益和风险可以合理量化，因此可以采用收益法评估。三是北京豪威的资产及负债结构清晰，企业各项资产和负债价值也可以单独评估确认，因此可以采用收益法评估。

截至评估基准日 2018 年 7 月 31 日，收益法下，北京豪威归属于母公司所有者权益的评估值为 1 413 100.00 万元，评估增值 455 913.17 万元，增值率达 47.63%。资产基础法下，北京豪威母公司口径净资产账面值 879 149.16 万元，评估值 495 613.07 万元，评估减值 383 536.09 万元，减值率 43.63%。

最终选用收益法的评估结果作为本次评估结论，主要原因如下：一是北京豪威成立于 2015 年 7 月，自成立至今，有着较强的盈利能力，且未来增长预期良好，使得收益法评估结果有较大幅度的增值。收益法评估结果与资产基础法评估结果之间的差异是因为收益法能够体现出标的资产未来的盈利能力。二是收益法在评估过程中不仅考虑了北京豪威申报的资产，同时也考虑了如企业拥有的业务资质认证、稳定客户资源、科学的生产经营管理水平、雄厚的新产品研发队伍等对获利能力产生重大影响的因素，而这些因素未能在资产基础法中予以体现。三是资产基础法仅为单项资产价值叠加，而收益法考虑了各项资产共同作用的协同效应，北京豪威经营受益于客户资源优势、行业运作经验、技术优势、市场开拓能力等因素的盈利能力之间的相关性，选用收益法能够更加充分、全面地反映被评估企业的股东全部权益价值。

A.1.4　链接：政策背景

1.并购重组配套融资政策的规则的演变

在上市公司重大资产重组实践中，上市公司发行股份购买资产同时募集配套资金是较为常见的行为。一方面，募集配套资金能够用于支付交易对价、在建项目或补充流动资金等，从而缓解上市公司的资金压力；另一方面，募集配套资金可以灵活调整上市公司实际控制人与目标公司股东未来所持上市公司股权比例的差距，保证上市公司实际控制人的控股地位，也可以通过其他特定主体认购进行诸多复杂的利益安排。

自 2011 年并购重组配套融资规则首次确立，到 2023 年全面注册制推出以来，并购重组配套融资政策的规则先后经历了十余次调整，其间具体的适用情况与变化如下：

（1）2011 年：并购重组配套融资规则首次确立

2011 年 8 月，证监会发布《关于修改上市公司重大资产重组与配套融资相关规定的决定》（以下简称"《决定》（2011版）"），对2008年5月开始实施的《上市公司重大资产重组管理办法》（以下简称"《重组管理办法》（2011版）"）进行修订，在《重组管理办法》（2011版）第四十一条后增加一条，作为第四十三条："上市公司发行股份购买资产的，可以同时募集部分配套资金，其定价方式按照现行相关规定办理。"同一时期，证监会出台《第十三条、第四十三条的适用意见——证券期货法律适用意见第12号》（以下简称"《适用意见第12号》（2011版）"），就上述规定中发行股份购买资产项目配套融资提出适用意见如下：上市公司发行股份购买资产同时募集的部分配套资金，主要用于提高重组项目整合绩效，所配套资金比例不超过交易总金额25%的，一并由并购重组审核委员会予以审核；超过25%的，一并由发行审核委员会予以审核。

这是配套融资制度首次在《重组管理办法》中出现，但规定较为原则化，仅确立了审核分工，未明确配套融资的定价方式、计算公式和具体资金用途。同时，本次修订还首次明确了重组上市（借壳上市）可以同时募集配套资金。但在当时的实践中，对于配套融资行为与上市公司再融资后进行资产购买行为的边界，并不明确（林蔚然，2020）。

（2）2012年：明确锁价和询价两种募集资金的定价方式

2012年1月19日，证监会发布《〈关于修改上市公司重大资产重组与配套融资相关规定的决定〉的问题与解答》（以下简称"《问题与解答》（2012版）"），就《决定》（2011版）中有关上市公司发行股份募集配套资金的重组项目的股份定价方式、锁定期等，规定如下：对于采用锁价方式募集资金的重组项目，募集资金部分的发行价格应当与购买资产部分一致，视为一次发行，有关重组项目发行对象合计不超过10名；对于采用询价方式募集资金的重组项目，募集资金部分与购买资产部分应当分别定价，视为两次发行，有关重组项目购买资产部分和募集资金部分的发行对象各不超过10名，证监会在核准文件中将通过"一次核准、两次发行"方式予以明确。申请人应在核准文件发出后12个月内完成有关募集配套资金的发行行为。

在《决定》（2011版）的基础上，《问题与解答》（2012版）区分了锁价和询价两种定价机制。

（3）2013年：并购重组配套融资用途首次明确，非借壳上市可以用于补流

2013年7月5日，证监会发布《关于并购重组配套融资问题》（以下简称"《问题》（2013版）"），《问题》（2013版）对募集配套资金的用途进行了较为详细的限制，明确了《适用意见第12号》（2011版）对"主要用于提高重组项目整合绩效"的认定标准，即，主要包括：①本次并购重组交易中现金对价的支付；②本次并购交易税费、人员安置费用等并购整合费用的支付；③本次并购重组所涉及标的资产在建项目建设、运营资金安排；④补充上市公司流动资金等。此外，对属于以下情形的，规定不得以补流的理由募集配套资金：①上市公司资产负债率明显低于同行业上市公司平均水平；②前次募集资金使用效果明显未达到已公开披露的计划进度或预期收益；③并购重组方案仅限于收购上市公司已控股子公司的少数股东权益；④并购重组方案构成借壳上市。

《问题》（2013版）首次提出了募集配套资金的具体用途，后续多版本的修改基本按照此版本进行增添或删减。《问题》（2013版）还约定了募集配套资金可以用于补充上市公司及标的公司流动资金，但未对补流比例做出明确限制，也同时明确了重组上市（借壳上市）不可以以补充资金流动性为由募集配套资金。

（4）2014年：初步明确交易价格计算公式，募集资金与购买资产分别定价

2014年10月23日，证监会发布了修订后的《上市公司重大资产重组管理办法》（以下简称"《重组管理办法》（2014版）"）。2014年11月2日，证监会发布了《关于并购重组募集配套资金计算比例、用途等问题与解答》（以下简称"《问题与解答》（2014版）"），对《适用意见第12号》（2011年版）中约定的募集资金比例对应交易总金额的计算公式明确如下：交易总金额＝本次交易金额+募集配套资金金额−募集配套资金中用于支付现金对价部分。

同时，《问题与解答》（2014版）规定对于募集配套资金采取锁价方式发行的，重组报告书中还应披露以下事项：（1）选取锁价方式的原因；（2）锁价发行对象与上市公司、标的资产之间的关系；（3）锁价发行对象为上市公司控股股东、实际控制人及其一致行动人本次重组前所持股份是否有相应的锁定期安排；（4）锁价发行对象认购本次募集配套资金的资金来源。

2014年11月21日，证监会发布了《关于上市公司发行股份购买资产同时募集配套资金涉及定价等有关问题与解答》（以下简称"《问题与解答》（2014

版）"），对于上市公司发行股份购买资产同时募集配套资金的定价方法和锁定期安排进一步明确，即募集资金部分与购买资产部分应当分别定价，视为两次发行。

（5）2015 年：调整募集资金比例基础，并对募集资金补流比例首次做出明确限制

2015 年 4 月 23 日，证监会发布《〈上市公司重大资产重组管理办法〉第十四条、第四十四条的适用意见——证券期货法律适用意见第 12 号》（以下简称"《适用意见第 12 号》（2015 版）"），扩大了募集配套资金比例，便利了企业报审募集配套资金，还将募集配套资金的比例基础由交易总金额变为购买资产交易价格。具体规定如下：本次修订将募集配套资金比例从交易总金额的 25%扩大至不超过拟购买资产交易价格的 100%，即上市公司发行股份购买资产同时募集配套资金比例不超过拟购买资产交易价格 100%的，一并由并购重组审核委员会予以审核；超过100%的，一并由发行审核委员会予以审核。

2015 年 4 月 24 日，证监会发布了《关于并购重组募集配套资金计算比例、用途等问题与解答》（以下简称"《问题与解答》（2015 版）"），对募集配套资金补流比例做出了明确限制，即：募集配套资金用于补充流动资金的比例不超过募集配套资金的 50%；并购重组方案构成借壳上市的，比例不超过 30%。

2015 年 9 月 18 日，《上市公司监管法律法规常见问题与解答修订汇编》（以下简称"《问题与解答修订汇编》（2015 版）"），对募集资金补流比例进一步做出限制，即：募集配套资金用于补充公司流动资金的比例不应超过交易作价的 25%，或者不超过募集配套资金总额的 50%，构成借壳上市的，不超过 30%。

（6）2016 年：募集资金不得用于补流和偿还债务，并将借壳上市排除在配套融资范围之外

2016 年 10 月，证监会发布了修订后的《上市公司重大资产重组管理办法》（以下"简称《重组管理办法》（2016 版）"），明确重组上市（借壳上市）不得进行配套融资，提高对重组方的实力要求，上市公司发行股份购买资产属于借壳上市的，不可以同时募集配套资金，从而提高借壳上市的门槛，并且有助于避免重组方及其关联人通过配套融资进行利益输送。2016 年 6 月 17 日，证监会发布《关于上市公司发行股份购买资产同时募集配套资金的有关问题与解答》（以下简称"《问题与解答》（2016 版）"），约定募集配套资金不能用于补充上市公司和标的资产

流动资金、偿还债务；用于计算募集配套资金比例的拟购买资产交易价格指本次交易中以发行股份方式购买资产的交易价格，但不包括交易对方在本次交易停牌前六个月内及停牌期间以现金增资入股标的资产部分对应的交易价格，旨在防止突击入股套现。

《问题与解答》（2016版）对募集配套资金的使用用途做出了较大限制，将补充流动资金和偿还债务纳入了限制范围，也进一步明确了募集配套资金比例的计算基础。

（7）2017年：再融资政策收紧，按照发行期首日定价

2017年2月，证监会相继发布了《关于修改〈上市公司非公开发行股票实施细则〉的决定》、修改后的《上市公司非公开发行股票实施细则》以及《发行监管问答——关于引导规范上市公司融资行为的监管要求》等相关文件，规定定价基准日为该次非公开发行股票发行期的首日，且这一定价方式同样适用于并购重组的配套融资。

"中国证监会新闻发言人邓舸就并购重组定价等相关事项答记者问"就此专门指出：上市公司并购重组总体按照《重组管理办法》（2016版）等并购重组相关法规执行，但涉及配套融资部分按照《上市公司证券发行管理办法》《上市公司非公开发行股票实施细则》（以下简称"《实施细则》"）等有关规定执行。本次政策调整后，并购重组发行股份购买资产部分的定价继续执行《重组管理办法》（2016版）的相关规定，即按照本次发行股份购买资产的董事会决议公告日前20个交易日、60个交易日或者120个交易日的公司股票交易均价之一定价。配套融资的定价按照新修订的《实施细则》执行，即按照发行期首日定价。配套融资规模按现行规定执行，且需符合《发行监管问答——关于引导规范上市公司融资行为的监管要求》。配套融资期限间隔等继续执行《重组管理办法》（2016版）等相关规则的规定。根据这一监管口径，重组配套融资适用非公开发行再融资的各项规定，但是重组配套融资的期限间隔不适用非公开发行期限间隔限制。

再融资政策的修订，从发行规模、再融资发行周期、募集资金用途、发行价格等方面限制了再融资行为。尤其是锁价定增明确并购重组需按照市价募集资金，实控人获得股份的成本大幅提高，无法提前通过配套融资加强对上市公司的控制权及锁定各方利益。

（8）2018年：放开募集资金补充上市公司流动资金和偿还债务的限制

2018年10月，证监会发布了修订后的《关于上市公司发行股份购买资产同时募集配套资金的相关问题与解答》（以下简称"《有关问题与解答》（2018版）"），规定募集资金可以用于补充上市公司和标的资产流动资金、偿还债务，用于补充公司流动资金、偿还债务的比例不应超过交易作价的25%；或者不超过募集配套资金总额的50%；用于计算募集配套资金比例的拟购买资产交易价格指本次交易中以发行股份方式购买资产的交易价格，不包括交易对方在本次交易停牌前六个月内及停牌期间以现金增资入股标的资产部分对应的交易价格，但上市公司董事会首次就重大资产重组做出决议前该现金增资部分已设定明确、合理资金用途的除外。

《问题与解答》（2018版）是对2016年文件的继续修订，相较《问题与解答》（2016版）的严格规定，本次监管政策有了较大程度放松。一是再次恢复了并购配套融资补充公司流动性和偿还债务的用途，但是比例有一定限制，有利于缓解上市公司资金紧张的现状；二是在满足在一定条件下（在上市公司董事会首次就重大资产重组做出决议前该资金有明确且合理的用途）可以包含交易对方在本次交易停牌前六个月内及停牌期间以现金增资入股标的资产部分对应的交易价格，实际上提高了配套融资规模的上限。

（9）2019年：重新放开重组上市募集配套资金的限制

2019年10月修订的《上市公司重大资产重组管理办法》（以下简称"《重组管理办法》（2019版）"），删除了重组上市不得募集配套资金的除外规定，第四十四条第一款修改为"上市公司发行股份购买资产的，可以同时募集部分配套资金，其定价方式按照现行相关规定办理。"同时，证监会发布新的《第十四条、第四十四条的适用意见——证券期货法律适用意见第12号》（以下简称"《适用意见第12号》（2019版）"），与修订后的《重组管理办法》（2019版）保持一致。

2019年12月28日，十三届全国人大常委会第十五次会议审议通过了修订后的《中华人民共和国证券法》（以下简称"新《证券法》"），并于2020年3月1日起施行。为落实衔接新《证券法》及部门规章等上位法规定，进一步完善资本市场法规体系，提高监管透明度，证监会将涉及上市公司日常监管及并购重组审核的监管问答进行清理、整合，并以《〈上市公司重大资产重组管理办法〉第二十八条、第四十五条的适用意见——证券期货法律适用意见第15号》（以下简称"《证券期货法律适用意见》"）《监管规则适用指引——上市类第1号》（以下简称"《监管规则适用指引》"）重新发布，自发布之日起施行，原监管问答同步废止。《监管规则适用指引》的本次修订，统一了募集配套资金用于补流的比例。对重组上市配募资金用于补流、偿债的，一并适用"不得超过交易作价的25%，或不超过配募总金额的50%"的比例要求（原来为不超过配募总金额的30%），与一般重组比例要求相同，以支持重组上市企业进一步促进资本形成、获得发展壮大所需的资金支持。

（10）2020年：重新允许锁价定增，放宽发行定价、锁定期和融资规模限制

为深化金融供给侧结构性改革，完善再融资市场化约束机制，增强资本市场服务实体经济的能力，助力上市公司抗击疫情、恢复生产，证监会于2020年2月14日发布《关于修改〈上市公司证券发行管理办法〉的决定》《关于修改〈创业板上市公司证券发行管理暂行办法〉的决定》《关于修改〈上市公司非公开发行股票实施细则〉的决定》，并对《发行监管问答——关于引导规范上市公司融资行为的监管要求》进行修订。此次再融资制度部分条款调整的内容主要包括：其一，精简发行条件，拓宽创业板再融资服务覆盖面。取消创业板公开发行证券最近一期期末资产负债率高于45%的条件；取消创业板非公开发行股票连续2年盈利的条件；将创业板前次募集资金基本使用完毕，且使用进度和效果与披露情况基本一致由发行条件调整为信息披露要求。其二，优化非公开制度安排，支持上市公司引入战投。上市公司董事会决议提前确定全部发行对象且为战略投资者等的，定价基准日可以为关于本次非公开发行股票的董事会决议公告日、股东大会决议公告日或者发行期首日，即重新允许锁价定增；调整非公开发行股票定价和锁定机制，将发行价格由不得低于定价基准日前20个交易日公司股票均价的90%改为80%；将锁定期由36个月和12个月分别缩短至18个月和6个月，且不适用减持规则的相关限制；将主板（中小板）、创业板非公开发行股票发行对象数量由分别不超过10名和5名，统一调整为不超过35名。其三，适当延长批文有效期，方便上市公司选择发行窗口，将再融资批文有效期从6个月延长至12个月。其四，适度放宽非公开发行股票融资规模限制。非公开发行新增股份上限由原先的总股本的20%上升到30%。其五，新政立刻生效，不再以批文为"新老划断"标准。其六，加强对"明股实债"等违法违规行为的监管，禁止直接或变相的保底保收益行为及财务资助。

本次再融资相关规则修订后，再融资得到松绑，定价基准日由发行日首日重新回归至董事会、股东大会、发行日三者任选其一，使得定增整体可控性加强，显著降低了上市公司再融资尤其是非公开发行股票的门槛和发行难度，提升了投资人的认购积极性。

（11）2023年：重组配套募集资金和购买资产的发行价格折扣保持一致

证监会于2023年2月1日就全面实行股票发行注册制主要制度规则向社会公开征求意见，上海证券交易所、深圳证券交易所、北京证券交易所同日分别就全面实行股票发行注册制配套业务规则公开征求意见。就上市公司重大资产重组，中国证监会出台了《上市公司重大资产重组管理办法（修订草案征求意见稿）》《公开发行证券的公司信息披露内容与格式准则第26号——上市公司重大资产重组（修订草案征求意见稿）》及相关配套证券期货适用意见、监管指引；上海证券交易所出台了《上海证券交易所上市公司重大资产重组审核规则（征求意见稿）》；深圳证券交易所出台了《深圳证券交易所上市公司重大资产组审核规则（征求意见稿）》。

上述征求意见稿将上市公司为购买资产所发行股份的底价从不低于市场参考价的"百分之九十"调整为"百分之八十"，使得之前重组配套募集资金发行价格和购买资产发行价格折扣不一致的问题得到解决，也让重组交易中市场各方谈判空间增加。

2.并购重组配套融资对上市公司控制权的影响

上市公司大额收购通常涉及向外部交易对方发行大量股份购买资产，进而导致上市公司实际控制人持股比例被稀释，由此导致的实际控制人稳定性问题一直是监管机构关注的要点之一。该类问题的解决方案通常包括实际控制人参与募集配套资金、实际控制人提前入股标的资产、调整股份支付和现金支付的比例等。

2016年，《上市公司重大资产重组管理办法》修订以后，为避免出现大量通过认购配套募集资金来巩固控制权，使得大体量交易或者三方交易可以规避借壳审核的情况，证监会出台了《问题与解答》（2016版），规定"上市公司控股股东、实际控制人及其一致行动人拟认购募集配套资金的，以及其在本次交易停牌前六个月内及停牌期间取得标的资产权益，并以该部分权益认购的上市公司股份的，相应股份在认定控制权是否变更时剔除计算"。

2018年，并购市场相对低迷，为了刺激市场，鼓励产业化并购，证监会发布《问题与解答》（2018版），其中提到："2.上市公司控股股东、实际控制人及其一致行动人通过认购募集配套资金或取得标的资产权益巩固控制权的，有何监管要求？

答：在认定是否构成《上市公司重大资产重组办法》第十三条规定的交易情形时，上市公司控股股东、实际控制人及其一致行动人拟认购募集配套资金的，相应股份在认定控制权是否变更时剔除计算，但已就认购股份所需资金和所得股份锁定做出切实、可行安排，能够确保按期、足额认购且取得股份后不会出现变相转让等情形的除外。上市公司控股股东、实际控制人及其一致行动人在本次交易停牌前六个月内及停牌期间取得标的资产权益的，以该部分权益认购的上市公司股份，相应股份在认定控制权是否变更时剔除计算，但上市公司董事会首次就重大资产重组做出决议前，前述主体已通过足额缴纳出资、足额支付对价获得标的资产权益的除外。独立财务顾问应就前述主体是否按期、足额认购配套募集资金相应股份，取得股份后是否变相转让，取得标的资产权益后有无抽逃出资等开展专项核查。"

相比《问题与解答》（2016版），《问题与解答》（2018版）有条件地允许了上市公司控股股东、实际控制人及其一致行动人通过认购募集配套资金或突击取得标的资产权益的方式稳定其控制权，并对独立财务顾问的核查工作提出了相应的要求，增加了上市公司控股股东、实际控制人及其一致行动人在并购重组过程中稳定控制权的方式。在该规定下，在设计重组方案时，可以通过安排上市公司实际控制人认购配套融资的方式，避免上市公司控制权在重组前后发生变化，从而避免被认定为"重组上市"。而上市公司控股股东、实际控制人及其一致行动人在真实认购募集资金及提前取得标的资产权益的前提下，才能在并购重组中加强其对上市公司的控制权。政策的改变有利于提高小体量上市公司收购大体量标的的成功率。

A.2 案例二：闻泰科技收购欧菲光特定客户摄像头业务

A.2.1 交易背景

1.收购方

闻泰科技主营业务分为三大板块，分别是：产品集成业务板块系消费、工业、汽车等领域智能终端产品的研发和制造业务；半导体业务板块系半导体和新型电子元器件的研发和制造业务；光学业务板块系光学模组的研发和制造业务。而后两部分业务均来自于外延收购。

2019年，闻泰科技完成中国最大的半导体收购案，成功收购欧洲半导体巨头安世半导体。收购前，闻泰科技的主营业务是为各大电子品牌设计制作硬件产品，其下游客户主要包括联想、小米和华为等国内几大主流电子品牌，上游客户主要是企业所需的各种元器件供应商。闻泰科技和安世半导体属于客户和供应商的关系，收购安世半导体后，闻泰科技得以降低成本，实现关键元器件自控，并逐渐进军半导体行业，改善主营业务单一现状。

2.标的方

广州得尔塔为原索尼（中国）有限公司在华南（中国广州）的生产基地，主营业务为生产和销售微型摄像头及相关部件。索尼华南生产基地于2017年被欧菲光收购并完成交割，其光学模组业务在摄像头模组业务领域具有稀缺性，拥有业界顶尖的摄像头模组开发和封装技术，尤其是行业领先的Flip-Chip技术，能够生产顶级的光学模组产品，可提供更稳定的性能、更强的抗干扰能力、更小的产品尺寸，以满足特定客户的产品需求，具备向全球一流智能手机品牌客户供货的资格和能力。此外，广州得尔塔拥有智能化生产平台，通过建设高标准无尘车间、精密的自动化生产线，搭建智能化生产系统，并应用严格的产品质量管理体系，为生产、品质保驾护航。

中美贸易战背景下，欧菲光将剥离苹果相关业务单元，特殊收购机会应运而生。欧菲光正是因为收购索尼华南生产基地从而进入苹果供应链，成为其摄像头主力供应商。美国将欧菲光子公司列入实体清单后，为了保障供应链安全，苹果计划将欧菲光剔除出苹果供应链。自传出欧菲光将剥离苹果相关业务单元的消息后，曾传出比亚迪、立讯精密、蓝思科技、领益智造等多家公司有意竞购的消息。此次收购的目标资产交易完成后，如果能够通过特定客户（苹果）审查，收购方能够重新获取订单。

A.2.2 交易目的

收购德尔塔光学模组是闻泰科技发展历程中一个非常具有标志性的节点。通过收购，闻泰科技得以进入苹果供应链，同时也将闻泰科技的发展空间从整机延伸至部件。通过本次收购，闻泰科技在全面统筹产品集成业务板块和安世集团半导体业务板块发展的基础上，正式布局光学模组业务。2021年5月份，闻泰科技实现资产交割，正式完成了广州德尔塔光学模组业务的收购，并实现了标的资产的并表。截至2021年11月3日，闻泰科技从江西晶润购买的经营性资产已完成设备调试，试产产线已经投入使用并实现产出，前期送样产品已通过境外特定客户最终验证，闻泰科技已与境外特定客户确定了量产计划。截至2021年12月1日，产品按照与客户商定的出货计划进入正式量产阶段，首批量产产品已发货，产品进入常态化批量出货阶段。

依托闻泰产品集成业务和半导体业务赋能，得尔塔科技的光学影像能力也有望得到更大的发展空间，闻泰科技在光学业务方面的规划为从单一客户到多个客户、从单品类到多品类，得尔塔在继续服务特定客户的同时，还计划通过闻泰系统集成业务进入到闻泰 ODM 的安卓手机、笔记本电脑、车载摄像头、AIoT、AR\VR 元宇宙等更广阔的领域，未来客户和产品结构的变化将是得尔塔的业绩增长驱动因素。随着光学技术的发展和市场空间的打开，得尔塔的光学影像技术能力也将成为闻泰的核心竞争力之一。

A.2.3 交易方案

1.交易时间表

2021 年 2 月 7 日，闻泰科技与欧菲光签署《收购意向协议》，拟以现金方式购买欧菲光拥有的向境外特定客户供应摄像头的相关业务资产，具体包括欧菲光持有的广州得尔塔影像技术有限公司的 100% 股权，以及欧菲光及其控股公司在中国及境外所拥有的（除广州得尔塔外的）向境外特定客户供应摄像头相关业务的经营性资产（包括固定资产、无形资产、存货等），具体资产明细及交易金额由交易双方在正式收购协议中确定。《收购意向协议》约定目标资产的定价原则为：收购价格=10×A+B（含税），A=广州得尔塔影像技术有限公司 2020 年度经审计后净利润（含该公司 2020 年度留存在欧菲光科技（香港）有限公司因上述摄像头产品相关业务产生的净利润）；B=经营性资产的交易价格，考虑到经营性资产的无形资产增值，该交易价格以经专项评估后的价值为准，且不低于经专项核查的账面价值。

2021 年 3 月 16 日，欧菲发布的《关于特定客户业务发生重大变化的公告》称，境外特定客户计划终止与欧菲光及其子公司的采购关系，后续欧菲光将不再从特定客户取得现有业务订单。闻泰科技在获悉境外特定客户计划终止与欧菲光及其子公司的采购关系后，就境外特定客户订单终止对标的资产的影响进行了评估，并与欧菲光、境外特定客户进行持续沟通磋商。

在此之后，闻泰科技进一步明确了向境外特定客户供应摄像头相关业务的经营性资产的名称，并大幅调整了拟收购资产的估值定价。2021 年 3 月 29 日，闻泰科技与欧菲光签署了《关于广州得尔塔影像技术有限公司之股权购买协议》，与欧菲光及江西晶润光学有限公司签署了《关于江西晶润光学有限公司之资产购买协议》，拟以现金方式购买欧菲光持有的广州得尔塔影像技术有限公司100%股权，以及江西晶润光学有限公司拥有的与向境外特定客户供应摄像头相关的设备。其中广州得尔塔100%股权交易价格以评估值为基础，经协商确定为17亿元，截至本公告披露日，广州得尔塔为欧菲光的全资子公司，欧菲光持有其100%的股权；江西晶润拥有的标的设备的交易价格以评估值为基础，经协商确定为7.2亿元。交易作价合计为24.2亿元。本次交易不构成重大资产重组。

2.交易结构

2021年4月9日，闻泰科技与珠海格力创业投资有限公司签订了《出资及股东协议》，拟共同出资设立珠海得尔塔科技有限公司，作为收购广州得尔塔100%股权及相关经营性资产的指定收购主体。

珠海得尔塔科技有限公司注册资本为人民币30亿元，其中闻泰科技以货币方式出资21亿元，占注册资本的70%，珠海格力以货币方式出资9亿元，占注册资本的30%（见图A-3）。

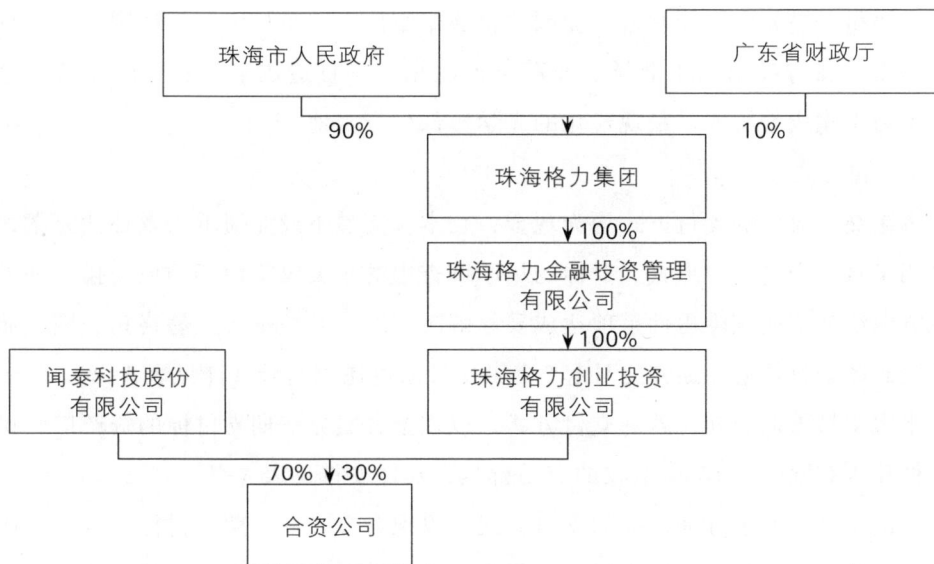

图A-3　交易架构

资料来源：上市公司公告。

在组织结构方面，珠海得尔塔董事会由3名董事组成，全部由闻泰科技委派，董事长及法定代表人由闻泰科技委派的董事担任；监事会由3名监事组成，其中闻泰科技委派2名，珠海格力委派1名，监事会主席由闻泰科技委派的监事担任；珠海得尔塔设总经理1名，由闻泰科技委派，设副总经理1名，由珠海格力委派，均由董事会聘任；珠海格力所委派至珠海得尔塔的监事、高管，非经珠海格力书面同意，珠海得尔塔及闻泰科技不得擅自撤换。

闻泰科技引入珠海格力并通过合资公司形式收购标的资产，除了前述组织结构方面的安排，也和珠海格力达成了特别约定，珠海格力享有优先受让权、随售权、反稀释权和对闻泰科技的竞业限制。在优先受让及随售权方面，闻泰科技及闻泰科技实际控制人同意转让其所持珠海得尔塔部分或全部股权给他人时，珠海格力有权选择优先受让，或随同闻泰科技一起按同等条件转让；在反稀释方面，如果珠海得尔塔新一轮融资中根据协议或者安排导致最终投资价格低于珠海格力获得的珠海得尔塔每一元注册资本对应的价格，则该融资应获得珠海格力的同意；在竞业限制方面，非经珠海格力书面同意，闻泰科技只能通过珠海得尔塔直接或间接从事拥有、投资、管理、控制或参与管理任何与珠海得尔塔业务重复或冲突的业务。

珠海得尔塔光电智能制造产业园项目战略定位为"车规级"智造园区，将从手机等消费类摄像模组向工业类、车载类产品拓宽，打造数字化、智能化的绿色园区，致力于建成最智能、最现代化的光学影像生产基地。

3.支付方式

本次交易对价的支付方式均为现金，且本次交易不设业绩承诺及补偿方案，但是采用了意向金的支付形式，对标的尽职调查中的相关风险做了约束安排，如果交易双方无法就下述该障碍性事项达成妥善解决方案，导致本次交易终止，则欧菲光应于收到闻泰科技返还通知之日起5个工作日内返还意向金（详见表A-6）。

本次交易采取分期付款的支付方式，以现金方式分三期支付标的资产广州得尔塔影像技术有限公司100%股权的交易价款，具体安排见表A-7。

本次交易采取了分期付款的支付方式，以现金方式分二期支付标的资产江西晶润向境外特定客户供应摄像头相关业务的经营性资产（标的设备）的交易价款，具体安排见表A-8。

表 A-6   "意向金"约定的尽职调查中发现的障碍性事项

序号	约束条件
1	广州得尔塔 2020 年经审计后净利润与欧菲光提供的广州得尔塔 2020 年财务报表中的净利润存在 30% 及以上的偏差
2	经专项核查的经营性资产账面价值与欧菲光提供的 2020 年财务报表中的经营性资产账面价值存在 30% 及以上的偏差
3	存在对目标资产的价值产生 5 亿人民币及以上金额的不利影响的任何事件或情形

资料来源：上市公司公告。

表 A-7   标的广州得尔塔影像技术有限公司 100% 股权的支付方式

交易价款	支付阶段	支付金额等
170 000 万元	第一期	1. 支付金额：63 500 万元。甲方已于 2021 年 2 月 9 日向乙方支付的 30 000 万元收购意向金直接冲抵本期应支付乙方的等额交易价款，即甲方应另行向乙方支付的第一期交易价款为 33 500 万元，且甲方同步协助乙方解除收购意向金银行账户的共管。2. 支付时间：本协议正式生效且满足"3. 标的资产交割"第（2）项第③点先决条件后 5 个工作日内
	第二期	1. 支付金额：30 000 万元。2. 支付时间：本协议正式生效且满足"3. 标的资产交割"第（2）项第④点先决条件后 5 个工作日内
	第三期	1. 支付金额：交易价款的 45%（即 76 500 万元），甲方实际支付的金额为 76 500 万元扣减"6. 其他安排"第（2）项所述净余额后的金额。2. 支付时间：交割完成之日起 10 个工作日内

资料来源：上市公司公告。

表 A-8   标的江西晶润向境外特定客户供应摄像头相关业务的经营性资产的支付方式

交易价款	支付阶段	支付金额等
72 000 万元	第一期	1. 支付金额：交易价款的 55%，即 39 600 万元。2. 支付时间：本协议正式生效且满足《股权购买协议》"3. 标的资产交割"第（2）项第③点先决条件之日起 5 个工作日内
	第二期	1. 支付金额：交易价款的 45%，即 32 400 万元。2. 支付时间：交割完成之日起 10 个工作日内

资料来源：上市公司公告。

A.3　案例三：北京君正收购北京矽成

A.3.1　交易背景

1.收购方

北京君正主营微处理器芯片、智能视频芯片等ASIC芯片产品及整体解决方案的研发与销售。收购时，北京君正的市值逾130亿元。

收购前北京君正业绩承压。2011年5月31日，北京君正在创业板上市，当月因高科技概念超募近5亿元。而在收购北京矽成的前夕，2014年至2018年，北京君正ROE降低，毛利率走低，归母净利润增速大幅减缓（详见表A-9）。

表A-9　　　　　　　　2011—2021年北京君正业绩表现

时间	净资产收益率（%）	销售毛利率（%）	销售净利率（%）	资产负债率（%）	营业收入（亿元）	营收同比增长（%）	归母净利润（亿元）	归母净利润同比增长（%）	员工人数（人）
2011	9.08	56.25	38.20	3.25	1.68	−18.39	0.64	−27.64	238
2012	4.43	47.75	44.77	2.50	1.07	−36.44	0.48	−25.50	254
2013	2.37	48.66	26.66	1.11	0.95	−11.32	0.26	−46.59	241
2014	−0.94	55.46	−16.93	1.40	0.59	−37.75	−0.10	−139.23	271
2015	2.99	55.11	46.44	3.27	0.70	18.76	0.32	419.54	293
2016	0.65	46.36	6.31	3.28	1.12	59.31	0.07	−7.81	235
2017	0.59	37.01	3.52	2.76	1.84	65.17	0.07	−7.81	235
2018	1.19	39.86	5.20	4.68	2.60	40.77	0.14	107.89	224
2019	4.95	39.78	17.29	5.66	3.39	30.69	0.59	334.02	263
2020	1.48	27.13	3.36	8.33	21.70	539.40	0.73	24.79	857
2021	10.63	36.96	17.47	8.93	52.74	143.07	9.26	1 165.27	938

资料来源：Choice。

尽管北京君正体量较小，但其持续寻找芯片领域的并购机会，谋求外延增长动力。2016 年年底，北京君正推出预案，拟作价 120 亿元收购美国图像传感器巨头美国豪威，而当时北京君正市值只有 73 亿元。但再融资新规的出台，影响了上市公司的"锁价配融"，北京君正收购北京豪威的交易最终终止。而此次交易，是北京君正再一次向芯片领域的并购布局。因中美贸易战、人民币贬值等多重因素影响，自 2018 年初至本次交易北京君正停牌前（2018 年 11 月 12 日），A 股市场深证成指和半导体指数走低，北京君正股价下跌 37.83%，处于 2018 年以来较低位置（详见图 A-4）。

2.标的方

此次交易目标公司北京矽成是上海武岳峰主导私有化 ISSI 时专门成立的企业，实际经营实体为存储芯片小龙头 ISSI。本次交易中对矽成私有化的并购基金也有退出需求。

北京矽成的主营业务为高集成密度、高性能品质、高经济价值的集成电路存储芯片、模拟芯片的研发和销售。主要产品为集成电路存储芯片和集成电路模拟芯片，按照产品类型分为 DRAM、SRAM、FLASH 及 ANALOG，按照终端市场类型分为汽车市场、工业市场、消费电子市场和信息通信市场等。2017—2019 年，北京矽成的 SRAM 产品收入均位居全球第二位，DRAM 产品收入分别位居全球第八位、第八位及第七位，仅次于三星电子、SK 海力士、美光科技、赛普拉斯等国际一流厂商，位于市场前列。

北京矽成具有专用领域领先的研发实力，在全球主要科技发达地区都有研发团队驻扎，主要分布在美国圣荷西、科罗拉多、韩国首尔、中国大陆等地区，研发实力强。同时，北京矽成在研发人员的培养与激励方面具有较为完善的制度支撑，各产品研发团队核心成员的流动性较低。

思源电气和北京君正几乎同时对 ISSI 抛出橄榄枝，可见 ISSI 作为存储芯片小龙头，是并购的优质标的。在美国 CFIUS 审核变严，半导体行业中资海外并购愈加困难的情况下，已经被并购基金收购的标的，更容易成为各半导体行业上市公司的竞逐对象。

A.3.2　交易目的

北京君正收购北京矽成属于集成电路产业同行业公司的产业并购，北京君正主营微处理器芯片、智能视频芯片等 ASIC 芯片产品及整体解决方案的研发与销售，标

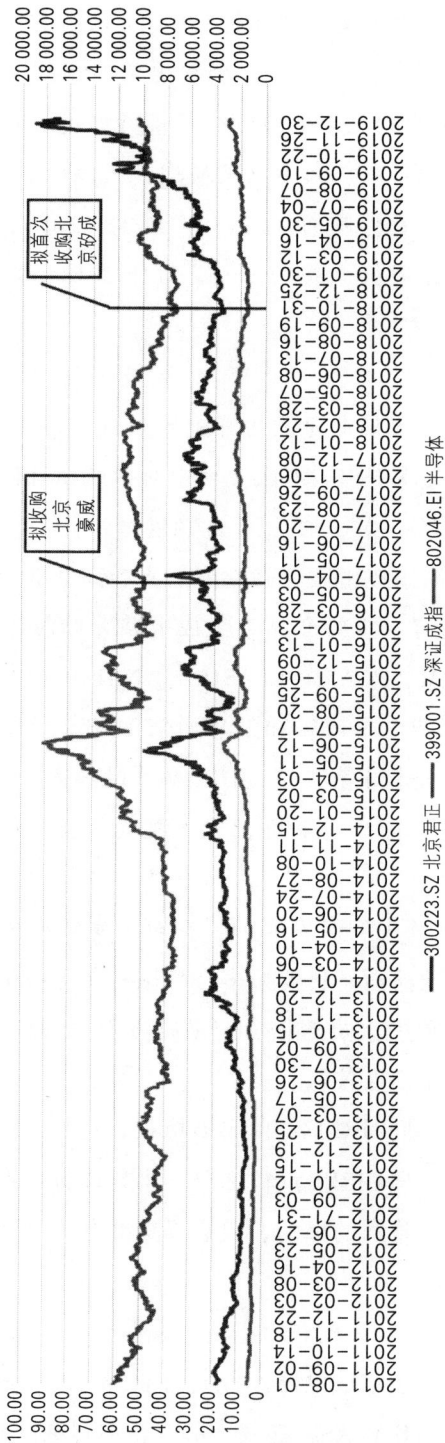

图 A-4　上市以来至收购前北京君正股价表现（单位：元）

—— 300223.SZ 北京君正 —— 399001.SZ 深证成指 —— 802046.EI 半导体

资料来源：Choice。

的公司北京矽成主营存储芯片、模拟芯片的研发与销售。收购北京矽成利于北京君正将自身在处理器芯片领域的优势与北京矽成在存储器芯片领域的竞争力相结合，形成"处理器+存储器"的技术和产品格局，布局及拓展其产品在车载电子、工业控制和物联网领域的应用。

A.3.3 交易方案

1.交易时间表

（1）私有化

2015年，武岳峰资本主导并购基金将ISSI私有化，私有化主体即为北京矽成。

（2）兆易创新的收购与终止

2017年年初，兆易创新公告以65亿元对价收购北京矽成100%股权，但ISSI重要供应商认为兆易创新与ISSI重组后将成为其有力竞争对手，强烈反对，收购终止。

（3）思源电气的收购与终止

2018年10月，上市公司思源电气公告称，其作为LP的基金上海集岑将以72亿元的估值受让北京矽成大股东之一上海承裕的LP份额。在该收购方案下，只有武岳峰作为LP投资的上海承裕实现退出。即使交易最终完成，思源电气将仅持有北京矽成41.65%的股权，受限于标的第二、三大股东屹唐半导体和华创芯原在董事会决议中的表决权约束，思源电气也不能实现对北京矽成的控制。

（4）北京君正的第一次收购

而在思源电气发布公告仅1个月后，北京君正公布重组预案，收购的则是部分投资人的股权或合伙份额（不包含上海承裕），对北京矽成100%股权估值为65亿。但是，该交易方案下，北京君正仍未能完全取得北京矽成控制权。

（5）北京君正的第二次成功收购

2019年11月，北京君正发布修订后的收购预案，不仅上调了估值至70亿，还将间接收购转为了直接收购北京矽成59.99%股权和上海承裕100%财产份额（上海承裕持有北京矽成40.01%的股权）。

2.首发预案

2018年11月，北京君正发布首次收购预案，交易方案为：北京君正及/或其全资子公司合肥君正拟以发行股份及/或支付现金的方式购买战新基金持有的屹唐投资99.9993%财产份额、北京集成持有的华创芯原100%股权、青岛海丝与民和德元持有的民和志威合计 99.90% 财产份额、Worldwide Memory100% 股权、Asia Memory100% 股权和厦门芯华 100% 财产份额，合计交易价格暂定为 26.42 亿元，其中拟向交易对方支付现金对价 11.65 亿元（交易架构详见图 A-5）。上述标的主要资产为其持有的北京矽成股权，截至预估基准日 2018 年 6 月 30 日，北京矽成 100% 股权的预估值为 65.24 亿元，经交易各方协商，北京矽成 100% 股权的估值暂定为 65 亿元。本次交易构成重大资产重组，本次交易不构成重组上市。

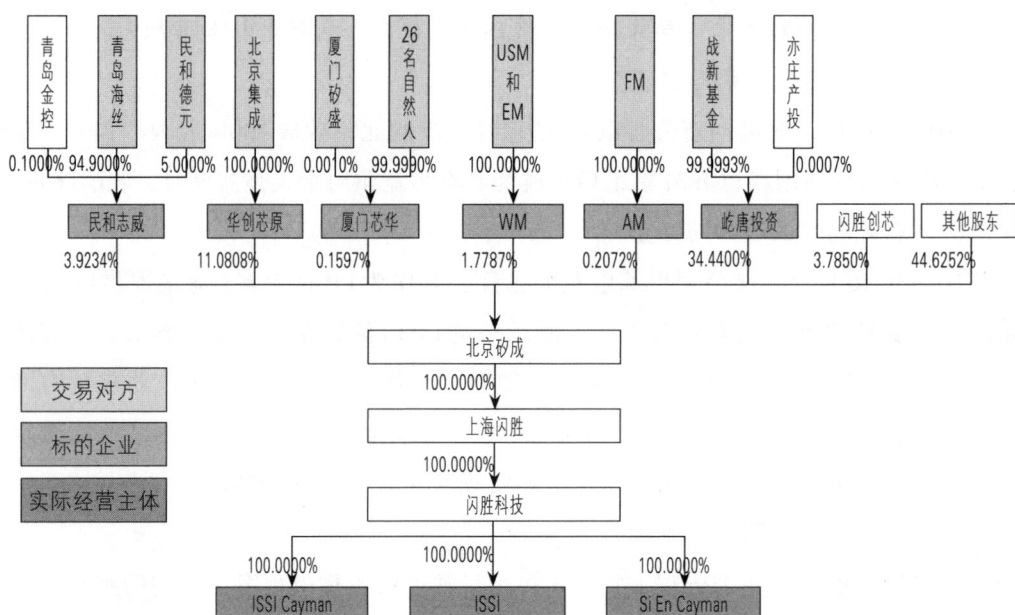

注：屹唐投资、华创芯原、民和志威分别持有闪胜创芯 37.3369%、15.1042%、0.8504% 的份额，合计持有闪胜创芯 53.2914% 的份额。

图 A-5　首发预案的交易架构

资料来源：上市公司公告。

同时，公司拟采取询价方式向不超过 5 名符合条件的特定投资者非公开发行股份募集不超过 14 亿元的配套资金，其中 7.5 亿元拟用于支付本次交易的现金对价，剩余 6.5 亿元则计划用于偿还标的企业的部分贷款。发行价格及定价依据见表 A-10。

表A-10   首发预案中的股份发行价格及定价依据

交易方案构成	股份发行价格	定价依据
发行股份并支付现金购买资产	16.25元/股	公司定价基准日前20个交易日的公司股票均价的90%
募集配套资金		询价发行，募集配套资金的定价基准日为本次非公开发行股票发行期的首日，股份发行价格不低于定价基准日前20个交易日上市公司股票交易均价的90%

资料来源：上市公司公告。

本次发行股份及支付现金购买资产不以本次募集配套资金的成功实施为前提，本次募集配套资金成功与否并不影响本次发行股份及支付现金购买资产的实施，但本次募集配套资金以发行股份及支付现金购买资产的生效和实施为前提条件。

本次交易完成后，上市公司将通过标的企业间接持有北京矽成51.5898%的股权，并通过屹唐投资、华创芯原及民和志威间接持有闪胜创芯53.2914%的LP份额（闪胜创芯持有北京矽成3.7850%的股权）。北京矽成为 ISSI、ISSI Cayman 以及 SI EN Cayman 的母公司，ISSI、ISSI Cayman 以及 SI EN Cayman 主营各类型高性能 DRAM、SRAM、FLASH 存储芯片。后续上市公司将与北京矽成其他股东协商，就表决权、董事会安排或者股权安排等方面达成一致，以实现对北京矽成的进一步控制。

3.修订后方案

2019 年 11 月，北京君正发布修订后的收购预案，具体交易方案为北京君正及/或其全资子公司合肥君正以发行股份及支付现金的方式购买屹唐投资、华创芯原、上海瑾矽、民和志威、闪胜创芯、WM、AM、厦门芯华持有的北京矽成59.99%股权，以及武岳峰集电、上海集岑、北京青禾、万丰投资、承裕投资持有的上海承裕 100% 财产份额（交易架构详见图 A-6）。两者合计总交易对价为 72.01亿元，对应北京矽成 100% 股权评估值为 70.28 亿元，其中现金对价为 16.16 亿元，在交易对价中的占比为 22.44%；股份支付对价为 55.85 亿元，在交易对价中的占比为 77.56%。本次收购完成后，北京君正将直接持有北京矽成 59.99% 股权，并通过上海承裕间接持有北京矽成 40.01% 股权，即直接及间接合计持有北京矽成 100%股权。本次交易构成重大资产重组，本次交易不构成重组上市。

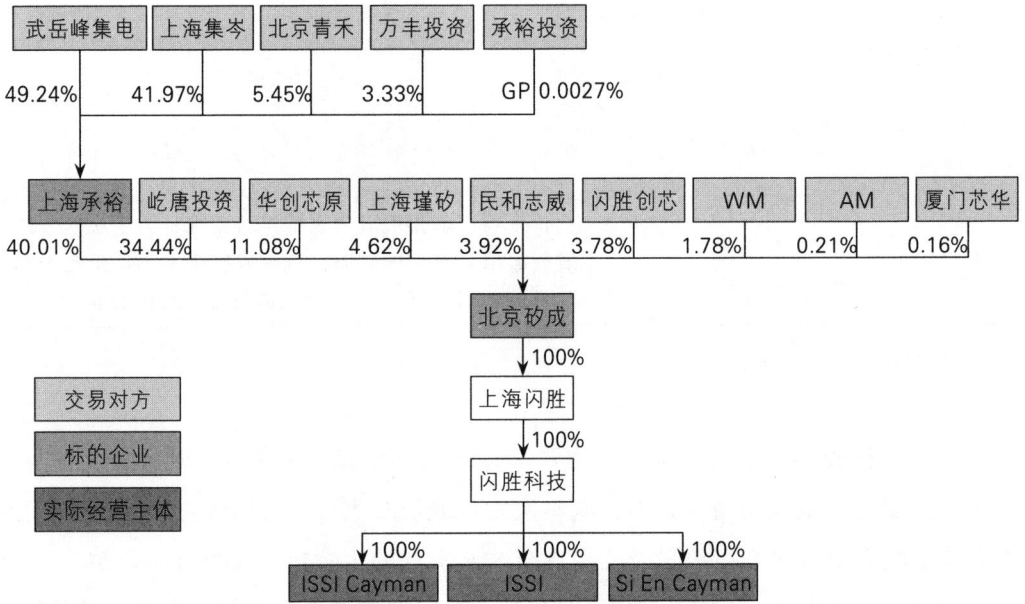

图A-6 修订后收购方案的交易架构

资料来源：上市公司公告。

在募集配套资金方面，北京君正拟采取询价方式向不超过5名符合条件的特定投资者非公开发行股份募集配套资金不超过15亿元，用于支付本次交易的部分现金对价、投入北京矽成面向智能汽车的新一代高速存储芯片研发项目及面向智能汽车和智慧城市的网络芯片研发项目。发行价格及定价依据见表A-11。

本次交易包括发行股份及支付现金购买资产、发行股份募集配套资金两部分。发行股份及支付现金购买资产不以募集配套资金的成功实施为前提，募集配套资金以发行股份及支付现金购买资产的生效和实施为前提条件。

本次交易完成后，北京矽成将成为上市公司的全资子公司。

2020年4月1日，根据中国证监会于2020年2月14日发布的《关于修改〈创业板上市公司证券发行管理暂行办法〉的决定》《关于修改〈上市公司非公开发行股票实施细则〉的决定》，北京君正对本次交易项下募集配套资金方案的发行对象、发行价格、发行数量、锁定期安排等事项进行了调整：第一，将本次配套融资的发行对象由四海君芯等不超过5名特定投资者更改为不超过35名特定投资者；第二，

表 A-11　　　　　　修订后交易方案中的股份发行价格及定价依据

交易方案构成	股份发行价格	定价依据
发行股份并支付现金购买资产	22.46元/股	公司第四届董事会第五次会议决议公告日前120个交易日的公司股票交易均价的90%，并在此基础上扣减现金红利0.30元/股
募集配套资金		询价发行，募集配套资金的定价基准日为本次非公开发行股票发行期的首日，股份发行价格不低于定价基准日前20个交易日上市公司股票交易均价的90%

资料来源：上市公司公告。

将本次配套融资项下新增股份的发行价格不低于定价基准日前 20 个交易日公司股票交易均价的 90% 更改为 80%（即发行底价）；第三，将本次配套融资项下发行股份的总数量不超过公司本次发行前总股本的 20% 更改为 30%；第四，将四海君芯认购的公司本次配套融资项下发行的新增股份自发行完成之日起 36 个月内不转让更改为 18 个月内不转让，将其他发行对象所认购的公司新增股份自发行完成之日起 12 个月内不转让更改为 6 个月内不转让。

2020年9月，北京君正完成了配套募集资金的发行，募资总额为 1 499 999 985.00元，本次发行通过向四海君芯、张晋榆、博时基金管理有限公司、青岛德泽六禾投资中心（有限合伙）共计 4 家发行对象以非公开发行 A 股股票的方式进行，特定对象均以现金方式认购本次非公开发行股票，认购数量和金额见表 A-12。至此，本次收购交易结束。

表 A-12　　　　　本次配套募集资金非公开发行对象及股份数量

序号	交易对方	获配股数（股）	认购金额（元）
1	北京四海君芯有限公司	9 090 909	749 999 992.50
2	张晋榆	6 060 606	499 999 995.00
3	博时基金管理有限公司	1 854 545	152 999 962.50
4	青岛德泽六禾投资中心（有限合伙）	1 175 758	97 000 035.00
	合计	18 181 818	1 499 999 985.00

资料来源：上市公司公告。

A.3.4　链接：政策背景

请见案例一：韦尔股份收购北京豪威的政策背景。

A.4　案例四：汇川技术收购贝思特

A.4.1　交易背景

1.收购方

汇川技术成立于2003年，于2010年在深交所上市，是国内工业控制领域的龙头企业，业务包括五大部分：服务于智能装备领域的工业自动化产品，服务于工业机器人领域的核心部件、整机及解决方案，服务于新能源汽车领域的动力总成产品，服务于轨道交通领域的牵引与控制系统，服务于设备后服务市场的工业互联网解决方案，汇川技术主营业务构成见表A-13。

2018年，其电梯一体化业务实现销售收入13.7亿元，占整体营业收入23.32%，是上市公司核心业务板块之一。

2016—2018年，汇川技术收入分别为36.6亿元、47.77亿元、58.74亿元，对应归属母公司股东净利润为9.32亿元、10.6亿元、11.67亿元。2014—2018年5年间平均毛利率达46.75%。

2.标的方

贝思特创建于2003年，是专注于电子和结构结合类的电梯配件供应商，产品覆盖人机界面、门系统、线束电缆、井道电气、控制系统等电梯电气部件。在国内行业市占率方面，其人机界面居于第一，电缆居于第二，门系统居于前五。

贝思特与奥的斯、通力、蒂森克虏伯、迅达等国际品牌电梯厂商，以及康力、江南嘉捷、广日等国内知名电梯厂商均形成了长期稳定合作关系，且已进入其中部分厂商的全球供应商体系。

2017年、2018年，贝思特分别实现营业收入21.81亿元、24.24亿元，归属母公司所有者的净利润分别为2.08亿元、2.39亿元。2014—2018年5年间平均毛利率达25.62%。

A.4.2　交易目的

早在2013年，汇川技术便和贝思特共同成立合资公司默贝特电梯技术，双方各占50%股权，并由汇川技术拥有多数董事会席位，拥有默贝特电梯技术控制权。

表A-13 汇川技术主营业务构成

服务领域	产品类别	主营产品系列	所属公司业务板块	应用行业
智能装备（工业自动化）	变频器类	通用变频器	通用自动化	电梯、空压机、起重、机床、金属制品、电线电缆、纺织化纤、印刷包装、塑胶、建材、煤矿、冶金、化工、市政、石油等
		电梯一体化控制产品（电梯行业专用）	电梯一体化	
	运动控制类	通用伺服系统	通用自动化	3C制造设备、机器人/机械手、锂电设备、LED设备、印刷设备、包装设备、机床、纺织机械、食品机械、注塑机、压力机等
		专用伺服系统（电液行业专用）	电液伺服	
	控制技术类	PLC、视觉系统	通用自动化	3C制造设备、印刷设备、包装设备、机床、纺织机械、汽车制造、锂电设备、LED设备、机器人/机械手等
		人机界面	通用自动化	
	传感器类	光电编码器、开关	—	电梯、机床、纺织机械、电子设备等
工业机器人	核心部件类	机器人专用控制系统、视觉控制系统、精密丝杠	工业机器人	工业机器人、机械手、3C制造设备等
	整机类	SCARA机器人、六关节机器人	工业机器人	3C制造设备、锂电设备、LED设备等
新能源汽车	电机控制类	新能源汽车电机控制器、辅助动力系统、高性能电机、动力总成	新能源汽车	新能源汽车
	电源类	DC/DC	新能源汽车	
轨道交通	电机控制类	牵引系统、控制系统	轨道交通	轨道交通
工业互联网	软件类	工业云、应用开发平台、信息化管理平台	工业互联网	电梯、空压机、注塑机等
	硬件类	智能硬件		

资料来源：上市公司公告。

设立该合资公司的主要目的是提供电梯大配套产品和技术的支持与服务，即贝思特、汇川技术分别向默贝特电梯技术销售产品，由默贝特电梯技术打包大配套产品后统一对外销售。经过近6年来的合作，双方彼此之间有了较深入的了解，并在业务协同、高层沟通、团队协作等方面经过了充分的磨合。从某种意义上来说，本次交易也是汇川技术出于吸纳合作伙伴、完善产业链、扩大电梯业务规模和市场份额的考虑。

通过本次交易，双方的电梯业务将在产品体系、市场渠道、销售模式、海外业务拓展上形成高度协同。

产品体系上：汇川技术电梯一体化产品及标的公司主营产品同属电梯电气类部件范畴，但双方主导产品并不相同。在工业自动化领域，汇川技术是国内工控行业领先的供应商，而电梯行业是工控产品重要的下游细分应用行业，也是汇川技术长期以来重要的收益贡献来源。2017年、2018年和2019年上半年，汇川技术电梯一体化业务实现销售收入分别为11.21亿元、13.7亿元和6.2亿元，占营业收入比例分别为23.47%、23.32%和22.80%。通过本次交易，汇川技术电梯业务将在现有电梯一体化产品基础上，进一步增加人机界面、门系统、线束线缆、井道电气、电气大配套等电梯部件产品，形成"控制系统+交互系统+电缆"的电梯整体解决方案，使电梯业务产品涵盖范围大大延伸。

市场渠道上：汇川技术主攻国内市场，电梯控制系统国内市占率在50%以上；贝思特主攻海外市场，在跨国电梯品牌市场中占有重要份额，其中人机界面产品市场占有率位于行业领先地位，已接近30%，此次收购将有助于汇川技术控制系统业务海外突破，以及贝思特在国内业务的继续提升。

销售模式上：汇川技术的产品销售主要以经销为主，部分大型、战略客户则采取直销方式，在华东、华南、西南和华北等区域建立了20多家电梯产品经销商的销售体系，其生产基地设在江苏；标的公司采用盯住标杆大客户的模式，以直销方式为主，在上海、浙江设有生产基地，在天津、广东拥有组装和物流基地。双方生产及销售辐射区域覆盖了长江三角洲、珠江三角洲和环渤海地区等国内主要电梯生产基地，同时双方的营销体系和渠道资源也具有很好的协同互补性，汇川技术的渠道能够帮助贝思特扩大销售的范围和规模，同时减轻现金流、回款的压力，贝思特的标杆大客户则能帮助汇川技术提升影响力，进一步打响品牌。

海外业务拓展上：汇川技术和贝思特的区域优势不同，汇川技术在印度、东南亚等地区市场份额相对较高，贝思特在韩国、欧洲等地区市场份额相对较高。汇川技术拟通过本次交易，以贝思特的国际品牌客户资源及市场优势为依托，把握主流客户大配套需求趋势，利用相互带动、组合销售、大配套等方式，争取加速进入跨国企业供应链体系。

A.4.3　交易方案

2019 年 8 月，汇川技术发布《发行股份及支付现金购买资产并募集配套资金报告书（草案）（修订稿）》，拟收购贝思特 100% 股权，标的作价 24.87 亿元。本次交易前，汇川技术未持有贝思特的股权；本次交易完成后，贝思特将成为汇川技术的全资子公司。本次交易总体方案包括三个部分：一是支付现金购买贝思特 51% 股权，交易对价合计 12.69 亿元；二是发行股份购买贝思特 49% 股权，交易对价合计 12.19 亿元；三是募集配套资金不超过 3.2 亿元，用于支付本次交易中介机构费用以及补充上市公司的流动资金。本次交易不构成关联交易，也不构成重大资产重组。

本案例的特殊性体现在两个方面，具有一定的创新性。一是先以支付现金方式购买交易对方合法持有的贝思特 51% 股权，再以发行股份方式购买交易对方合法持有的贝思特 49% 股权，前者是后者实施的前提条件；二是未采用营业收入、归属母公司所有者净利润或扣非后净利润等整体业绩指标作为业绩承诺及补偿的考核指标，而是采用标的公司跨国企业业务与海外业务累计毛利润、大配套中心和核心人员离职率等作为考核指标。具体如下：

1. 支付方式

根据本次预案，汇川技术拟分别向赵锦荣、朱小弟、王建军发行股份及支付现金购买其合计持有的贝思特 100% 股权。其中，汇川技术先以支付现金方式购买交易对方合法持有的贝思特 51% 股权，再以发行股份方式购买交易对方合法持有的贝思特 49% 股权。以现金方式购买贝思特 51% 股权是发行股份购买贝思特 49% 股权的前提条件，而后续发行股份购买贝思特 49% 股权是否被证券监管部门核准则不作为以现金方式购买贝思特 51% 股权的前提条件。

其中，上市公司购买贝思特 51% 股权的现金对价拟分期支付，支付进度如下：
（1）在以下条件均达成之日起 10 个工作日内，上市公司向交易对方支付第一期交易对价，为贝思特 51% 股权交易对价的 30%，即 38 056.91 万元：①本次交易经上市公司董事会审议通过；②本次交易经上市公司股东大会审议通过；③本次交易通过涉及的经营者集中反垄断审查。（2）标的公司 51% 股权过户至上市公司名下之日起 10 个工作日内，上市公司向交易对方支付第二期交易对价，金额为标的公司 51% 股权交易对价的 70%，即 88 799.47 万元。

2. 业绩承诺及业绩补偿安排

上市公司利润补偿机制是防止大股东利用关联关系进行不正当利益输送的重要制度设计，利润补偿机制不限于净利润单一指标，还可以约定其他指标，如本案例中的累计毛利润、大配套中心和核心人员离职率。在本案例中，特殊的承诺考核目标也受到了监管的重点关注和问讯，如客户拓展指标、国内外业务收入占比及业务收入类型占比、核心人员的确认及调整机制、纠纷解决机制等。

（1）锚定累计毛利润、大配套中心和核心人员离职率

①考核指标一：贝思特跨国企业业务与海外业务累计毛利润

在业绩承诺安排上，指标一以中国电梯行业协会发布的 2018 年度电梯产量以及标的公司经审计的 2018 年度跨国企业业务与海外业务毛利润为基数，基于电梯行业不同增长情形，考核标的公司 2019—2021 年经审计的承诺年度跨国企业业务与海外业务累计毛利润。其中，跨国企业业务指贝思特在中国境内销售给跨国企业客户（国际品牌电梯厂商在全球范围内的电梯行业的独资或者合资公司）及与其相关联的所有业务，在本次《购买资产协议》签署之后，该跨国企业客户通过收购、增资等方式对国产品牌电梯厂家形成控股、参股的，该国产品牌电梯厂家不属于跨国企业客户；海外业务指贝思特所有的直接对外出口业务（剔除出口至个别因受美国制裁可能存在业务不确定性风险的国家，贝思特出口至该国家的金额很小）。

本次交易还将交易对手或标的公司帮助汇川技术产品单独销售予指定的跨国企业客户所产生的毛利润计入上述考核的累计毛利润，以敦促交易双方利用双方优势促使本次交易产生协同价值。属于"帮助销售"的情形，需要同时符合以下三个条件：①帮助销售的产品属于确认书中约定的汇川技术电梯相关产品范围；②帮助销售的客户属于确认书中约定的汇川技术指定的跨国企业客户名单范围；③该销售项目由标的公司跨国企业业务销售经理担任项目经理或项目主要负责人，或标的公司销售人员占比达到或者超过半数。不能同时符合上述三个条件的公司销售均属于汇

川技术自行销售。汇川技术来自客户的其他产品如同时符合上述三个条件的，经履行上述认定程序后亦适用帮助销售情形。

具体的业绩考核条件设定见表 A—14。

表 A—14　　　　跨国企业业务与海外业务累计毛利润考核标准

情形	参照条件（满足①即意味着满足②）		考核指标（在满足①②的条件下，达到③或④即可（满足③即意味着满足④））	
	①行业电梯产量2019-2021年的年复合增长率 R	②2019—2021年三年合计行业电梯产量 Y	③标的公司的跨国企业业务与海外业务经审计的2019-2021年毛利润的年复合增长率	④标的公司2019—2021年三年合计的跨国企业业务与海外业务经审计的毛利润
情形一	R≥-7%	Y≥220.9368万台	>5%	>122 347.30万元
情形二	-12%≤R<-7	198.5491万台≤Y<220.9368万台	>0	>110 884.61万元
情形三	-20%≤R<-12%	165.9200万台≤Y<198.5491万台	>0	>110 884.61万元
情形四	R<-20%	Y<165.9200万台	不进行业绩对赌	

资料来源：上市公司公告。

在业绩补偿安排方面，根据《业绩补偿协议》及《业绩补偿协议之补充协议》，在标的公司未实现跨国企业业务与海外业务累计毛利润承诺的情况下，交易对方应补偿金额计算公式为：

交易对方应补偿金额＝（贝思特承诺年度累计承诺毛利润-贝思特承诺年度累计实际毛利润）÷贝思特承诺年度累计承诺毛利润×上市公司购买相应标的资产的总对价×K

当行业电梯产量2019—2021年的年复合增长率R≥-12%时，K=1；当-20%≤R<-12%时，K=0.6；当R<-20%时，不实施业绩补偿。

电梯产品需求与下游房地产行业密切相关。21世纪以来我国电梯产量变化历经三个阶段，2000—2015年快速增长、2015—2018年受下游影响平稳发展、2019

年以来跨入新台阶。21世纪以来我国城市建设进入快速发展期，房地产、地铁高铁等轨道交通蓬勃发展，城镇化进程尤其房地产行业的发展直接带动电梯行业进入高速成长期。2005—2015年，我国电梯产量由13.5万台增长至76万台，年复合增速19%；2015—2018年，受下游房地产调控影响，我国电梯产量恢复平稳增长，由76万台增长至85万台，年复合增速4%；2019年受四层及以上新建住宅加装电梯及旧楼加装电梯等相关政策推动，我国电梯产量突破100万台，2020年实现产量128万台，同比增长9%（详见图A-7）。

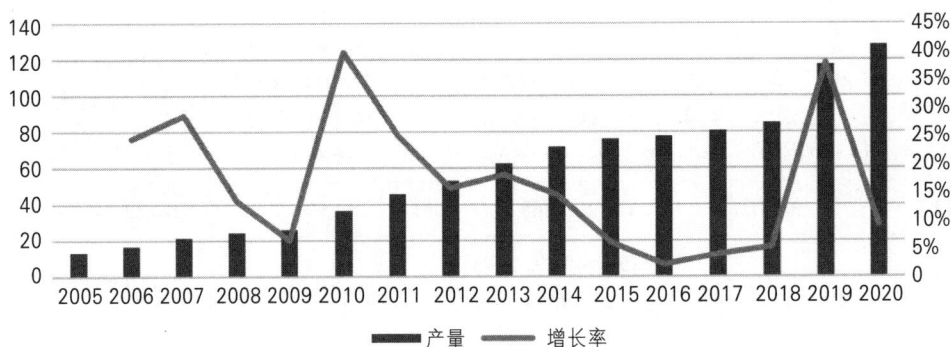

图A-7　我国电梯、自动扶梯及升降机产量及同比变化/万台

资料来源：中国电梯协会。

　　贝思特的收入规模与我国电梯产量的增长幅度的变化趋势基本一致，2015—2018年，贝思特收入规模逐年扩大，营业收入平均年复合增长率为5.47%，2016年、2017年因行业增速放缓而收入减缓，2018年增长速度有所回升（详见表A-15）。较传统的对赌条款而言，在市场景气的情况下，指标一这种挂钩行业基本面的对赌条款设置更贴近市场规律，更容易被交易双方接受。但这样的业绩考核指标也存在一定的风险，若承诺期内我国电梯行业受各方面因素影响而呈现明显下滑态势，甚至出现严重恶化的极端情况，则可能触发不实施业绩补偿的情形，届时上市公司将承受无法达成业绩的损失和无法收到赔偿款的风险。

表 A-15　　　　　　　　　　标的公司历史年度收入增长情况

项目	2014 年	2015 年	2016 年	2017 年	2018 年
营业收入（万元）	195 897.12	218 954.97	220 531.49	218 138.65	242 438.25
收入增长率		11.77%	0.72%	−1.09%	11.14%

资料来源：上市公司公告。

②考核指标二：大配套中心

在业绩承诺安排上，指标二大配套中心指的是向客户整体交付控制系统＋人机系统＋线缆系统（含箱体电气产品）的电梯电气包的业务中心，采取准时交付率、平均交付质量作为考核指标，具体的业绩考核条件设定见表 A-16。

表 A-16　　　　　　　　　　大配套中心考核指标

约束条件	考核标准	计算公式
准时交付率	承诺期内准时交付的订单占承诺期内总订单的比例大于等于 95%	准时交付率=承诺期内满足客户交货期的订单数量÷承诺期内的总订单数量
平均交付质量	一次开箱合格率大于等于 95%	一次开箱合格率=1−承诺期内一次开箱投诉数量/承诺期内所有交付的数量 A.一次开箱投诉定义：如果客户收到货开箱就发现订单评审错误、缺料错料、产品不能使用，则产生的投诉属于一次开箱投诉。调试完成并运行一定时间后再发生的不良情况而产生的投诉，不属于一次开箱投诉。质保期外以及客户与事实不符的投诉全部不属于一次开箱投诉； B.承诺期内所有交付的数量=承诺期内所有发货设备数量之和（注：一台电梯所有配套产品算一台设备）； C.承诺期内一次开箱投诉数量=承诺期+后延 3 个月内所有属于承诺期内发运的设备的一次开箱投诉次数

资料来源：上市公司公告。

在业绩补偿方面，如贝思特自第二次交割之日（如中国证监会最终未予核准甲方发行股份购买贝思特49%股权，则为自第一次交割日）起6个月届满后的12个月内实际运行情况未达到承诺业绩，则补偿义务人贝思特股东应对汇川技术进行补偿，补偿金额为2 000万元。

将大配套中心设定为业绩考核指标与收购时的行业背景相关。一方面，近年来，受电梯行业增速放缓、上游原材料成本上涨等影响，电梯厂商经营压力有所增加，行业竞争较为激烈，整机厂商更加注重成本管控、产品质量安全、运营体系优化，也更多地向品牌运营、电梯后服务市场等领域聚集，在此背景下，电梯厂商将更大范围及数量的零部件外包给专业部件供应商的诉求日益增大；另一方面，在未来具有很大增长潜力的电梯更新、改造后服务市场，将带来大量的不同类型的零部件更换需求，从而也使得电梯厂商与配套零部件供应商的关系更加紧密。本次收购顺应了电梯行业主流厂商大配套需求的趋势。

采取准时交付率、平均交付质量作为考核指标与行业实践相关。实践中，电梯厂商对电梯部件供应商的及时交付能力及产品质量尤为看重，因其直接关系到电梯厂商是否能根据下游工程进度按时完成电梯交付和安装，以及及时解决电梯运行的质量安全问题，供货合同中通常会明确且严格约定相关要求及违约赔偿责任。因此，该设定还有助于更好地反映标的公司大配套中心的生产水平，确保形成具有竞争力的大配套产品供货能力。

③考核指标三：核心人员离职率

在业绩承诺安排上，指标三的核心人员离职率的计算公式为：

核心人员离职率=承诺年度内核心人员名单中离职人员总数÷双方书面确认的贝思特核心人员名单总人数

交易对方承诺在业绩承诺期间内贝思特核心人员离职率低于10%。双方对离职人员的具体界定如下：A.承诺年度内如存在核心员工挂虚职的情形（劳动合同在贝思特，但并未实际履行对应的岗位职责），视同该人员为已离职人员；B.核心人员合同到期未能续约、不能胜任原岗位，或存在过错等情形而终止与贝思特劳动关系的，视同该人员为已离职人员；C.经上市公司事先书面同意或者因上市公司要求辞退，贝思特解除与核心人员劳动关系的，不视该人员为离职人员；D.核心人员在贝思特及其子公司及附属企业调动劳动关系的，且承诺期间未离职的，不视该人员为离职人员；E.核心人员因工作需要调动至上市公司任职的，不视该人员为离职人员；F.核心人员因丧失或部分丧失民事行为能力、死亡或宣告死亡、宣告失踪而终止与贝思特劳动关系的，不视该人员为离职人员。

在业绩补偿方面，如核心人员的实际离职率高于承诺离职率则触发业绩补偿，承诺期内贝思特股东按照核心人员实际离职率向汇川技术补偿相应金额，具体设定见表A-17。

表A-17 离职率考核指标

序号	实际离职率（Q）	补偿金额（万元）
1	10%≤Q＜20%	1 000
2	20%≤Q＜30%	4 000
3	30%≤Q	9 000

资料来源：上市公司公告。

将离职率设定为考核指标与行业属性相关。电梯部件行业属于技术密集型行业，贝思特自成立十多年以来逐步打造并拥有了一支经验丰富、熟悉电梯行业发展的涵盖供应链、生产制造、技术研发、市场营销、管理等方面的多元化人才团队。稳定优秀的核心团队是标的公司长期保持核心竞争力及行业地位的关键因素，因此本次交易以核心人员离职率作为考核指标之一。

综合来看，本次交易未采用营业收入、净利润等整体业绩指标主要是综合考虑贝思特业绩驱动因素、本次收购目的等因素，并在交易双方谈判的基础上进行的具有针对性的安排设置。主要考虑如下：

第一，对汇川技术而言，本次收购是战略性收购，收购的出发点是双方在产品、技术、客户、市场、生产制造与管理等方面具有较强的协同性和互补性。采取营业收入、净利润等整体业绩指标作为考核标准，一方面由于难以核算并剔除因并购协同给标的公司带来的经营效益；另一方面在由交易对方全额承担业绩承诺及补偿的机制下，容易导致片面、一味地追求实现整体业绩承诺，选择尽可能维持标的公司现状，不利于交易完成后汇川技术最大化发挥协同效应。

第二，有助于衡量判断本次收购的效果。本次收购的主要目的是顺应电梯行业大配套的趋势，大幅提升汇川技术的电梯电气整体解决方案能力及核心竞争力，并进一步拓展国际品牌电梯市场，使汇川技术逐步发展成为全球领先的电梯电气部件整体解决方案供应商。

第三，能较大程度地反映整体业绩水平状况。标的公司报告期内跨国企业业务与海外业务营业收入规模占总营业收入比例在 60% 左右，大配套中心供货能力、核心人员稳定性等也与公司运营效率、市场竞争力、经营业绩等紧密相关。因此，尽管本次交易并未直接采取营业收入、净利润等整体业绩指标，但采取的三个考核指标均与整体业绩指标有着强关联度，能较大程度上有效反映出整体业绩水平状况。

鉴于本次交易双方未对标的公司承诺期限内包括营业收入、净利润等在内的整体业绩及补偿安排进行约定，若标的公司未来整体业绩不及预期，现有业绩补偿承诺方案将可能无法有效覆盖因标的公司整体业绩波动较大从而给上市公司及股东带来的损失。

（2）触发业绩补偿时，股份补偿优先

交易双方约定，补偿义务人应优先以股份补偿方式对上市公司进行补偿，即优先以因本次交易所获的上市公司股份进行补偿，并按以下公式计算确定应补偿股份数量：应补偿的股份数=应补偿金额÷发行价格；如果按照上述的计算方式计算出的应补偿股份数量超过补偿义务人此时持有的本次发行所取得股份数量，差额部分由补偿义务人以现金补偿，按以下公式计算确定现金补偿金额：应补偿的现金金额=应补偿金额−已补偿股份数量×发行价格。

（3）分步解除股份锁定，增强业绩补偿保障

根据《购买资产协议》，交易对方承诺，其在本次发行股份购买资产中取得的股份，按照如下方式锁定：

①交易对方在本次发行股份购买资产中取得的上市公司股份，自股份发行结束之日起12个月内不得进行转让、上市交易。

②之后，交易对方所持上市公司股份按照如下约定予以解禁：A.在交易对方取得上市公司股份之日满12个月后10个交易日内，解禁交易对方在本次发行股份购买资产中取得上市公司股份的20%。B.在交易对方取得上市公司股份之日满24

个月后10个交易日内，解禁交易对方在本次发行股份购买资产中取得上市公司股份的20%。C.在如下条件均满足之日起10个交易日内，解禁交易对方在本次发行股份购买资产中取得上市公司股份的60%：a.贝思特业绩承诺年度（2019年、2020年、2021年）累计实际毛利润达到累计承诺的毛利润，或者贝思特实际毛利润未达到累计承诺的毛利润但补偿义务人已完成相应的业绩补偿；以上数据已经交易双方共同指定的具有证券业务资格的会计师事务所审计并出具贝思特承诺年度专项报告予以确认；b.上市公司2021年度审计报告已通过董事会审议。

③贝思特未达到业绩承诺期间承诺业绩的，交易对方应按照《业绩补偿协议》补偿上市公司相应的股份。交易对方股份锁定期届满时，上市公司实际解禁交易对方所持上市公司的股份数，以预先扣除交易对方应补偿股份后的余额为限。如果双方对于上述业绩承诺期间承诺业绩的实际完成情况及补偿数额意见不能达成一致，或金额尚不能最终确定，则按照累计承诺毛利润与累计实际毛利润差额的最大值、大配套中心未完成的最大值以及离职率的最大值测算交易对方应补偿的股份数额并不予解禁，其余部分应及时办理解禁手续；在双方对于意见达成一致或金额最终确定后，再及时解禁扣除交易对方应补偿股份后的剩余股份。

④对于股份锁定期间，交易对方承诺：对于交易对方本次交易所获上市公司股票，不少于总股票数量30%的部分，交易对方不得存在设定质押等权利限制的情形，直至上述股份锁定期届满且补偿义务人补偿完毕（如涉及）。

综上，本次交易签订了补偿协议并涉及采用股份补偿，交易双方在协议条款中采用了分步解除股份锁定的方式，并在《上市公司重大资产重组管理办法》规定的12个月解锁限制之上进一步延长了锁定期限，还要求交易对方所取得的上市公司股份的60%需要在实现全部业绩承诺或完成业绩补偿后才予以解锁，增强了业绩补偿保障措施的完备性。

A.4.4 链接：政策背景

投资者以非公开发行股份或资产认购上市公司股份的情形不同，投资者的股份锁定期也有所不同。对于签订了补偿协议并涉及采用股份补偿的交易，交易双方在协议条款中往往设置了股份锁定期的安排，此类锁定期设置较为灵活，部分交易中还采用了分步解除股份锁定的方式。具体如下：

1.以资产认购上市公司股份

《上市公司重大资产重组管理办法》（2023年修订）第四十六条规定，特定对象以资产认购而取得的上市公司股份，自股份发行结束之日起12个月内不得转让；属于下列情形之一的，36个月内不得转让：①特定对象为上市公司控股股东、实际控制人或者其控制的关联人；②特定对象通过认购本次发行的股份取得上市公司的实际控制权；③特定对象取得本次发行的股份时，对其用于认购股份的资产持续拥有权益的时间不足12个月。属于本办法第十三条第一款规定的交易情形的（即购买的资产总额占上市公司控制权发生变更的前一个会计年度经审计的合并财务会计报告期末资产总额的比例达到100%以上），上市公司原控股股东、原实际控制人及其控制的关联人，以及在交易过程中从该等主体直接或间接受让该上市公司股份的特定对象应当公开承诺，在本次交易完成后36个月内不转让其在该上市公司中拥有权益的股份；除收购人及其关联人以外的特定对象应当公开承诺，其以资产认购而取得的上市公司股份自股份发行结束之日起24个月内不得转让。

《上市公司重大资产重组管理办法》（2023年修订）第四十七条规定，上市公司向控股股东、实际控制人或者其控制的关联人发行股份购买资产，或者发行股份购买资产将导致上市公司实际控制权发生变更的，认购股份的特定对象应当在发行股份购买资产报告书中公开承诺：本次交易完成后6个月内如上市公司股票连续20个交易日的收盘价低于发行价，或者交易完成后6个月期末收盘价低于发行价的，其持有公司股票的锁定期自动延长至少6个月。

2.非公开发行认购上市公司股份

《上市公司非公开发行股票实施细则》（2020年修订）第七条规定，上市公司董事会决议提前确定全部发行对象，且属于下列情形之一的，定价基准日可以为关于本次非公开发行股票的董事会决议公告日、股东大会决议公告日或者发行期首日，认购的股份自发行结束之日起18个月内不得转让：①上市公司的控股股东、实际控制人或其控制的关联人；②通过认购本次发行的股份取得上市公司实际控制权的投资者；③董事会拟引入的境内外战略投资者。

《上市公司非公开发行股票实施细则》（2020年修订）第八条规定，发行对象属于本细则第七条第二款规定以外的情形的，上市公司应当在取得发行核准批文后，按照本细则的规定以竞价方式确定发行价格和发行对象。发行对象认购的股份自发行结束之日起6个月内不得转让。

A.5 案例五：晶澳科技借壳天业通联

A.5.1 交易背景

1.收购方

（1）老牌光伏企业，产业地位领先，基本面良好

晶澳太阳能创立于2005年，于2007年2月开始在纳斯达克证券交易所挂牌交易（上市主体是注册在开曼群岛的晶澳控股），是实施产业链一体化战略的全球知名高性能光伏产品制造商，产业链覆盖硅片、电池、组件及光伏电站，在全球拥有12个生产基地、20多个分支机构，产品覆盖100多个国家和地区。根据中国光伏行业协会统计数据，2015—2018年晶澳太阳能电池组件出货量连续排名全球前五位，2018年达到全球第二；2015—2018年晶澳太阳能电池片产量连续位居全球前两位，2018年为全球第一。2017年晶澳太阳能营业收入达196亿元，净利润超过3亿元，净资产达67亿元（详见图A-8）。

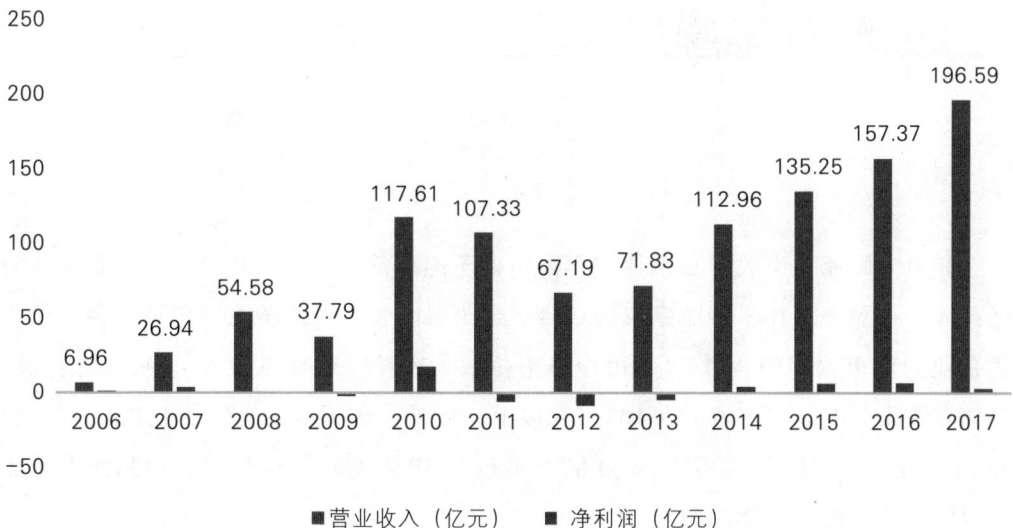

图A-8 晶澳太阳能营业收入及净利润情况

资料来源：Choice。

（2）中概股光伏企业面临危机，落后于A股同行新秀和美国本土企业

在纽交所上市10年后，晶澳太阳能股价表现惨淡（见图A-9）。尽管2010年10月曾创下51.20美元（前复权）的股价纪录，然而随着市场的不景气，股价一路狂跌，2012年10月，由于连续30个交易日股价低于1美元，晶澳太阳能收到纳斯达克证券交易所的退市警告。

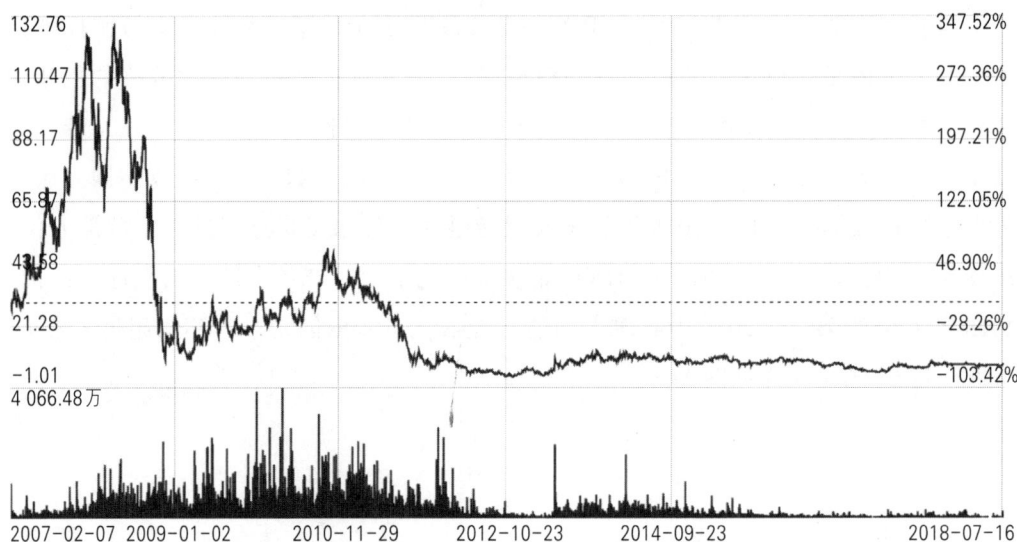

图A-9　晶澳太阳能上市以来股价走势（美元，前复权）

资料来源：雪球。

晶澳太阳能在美股的总市值并不高，截至退市前，晶澳太阳能的总市值为3.51亿美元，市盈率7.76，市净率仅为0.34。参照国内A股光伏企业，按退市前A股光伏企业同期市盈率中位数34和市净率中位数2.79计算（详见表A-18），晶澳太阳能如在A股上市，其市值应在102亿元以上；此外，美国本土光伏企业First Solar和Sun Power的总市值分别高达56.31亿美元和10.59亿美元，远高于包括晶澳太阳能在内的光伏中概股（详见图A-10）。

表A-18　　　　　　　　晶澳太阳能退市前A股光伏企业估值倍数

证券代码	证券名称	市盈率（PE，TTM）2017-11-17	市净率（PB）2017-11-17
002129.SZ	TCL中环	43.1955	1.9944
002218.SZ	拓日新能	34.8484	2.0608
002256.SZ	兆新股份	76.3829	4.0019
002309.SZ	ST中利	33.3147	1.5752
002506.SZ	协鑫集成	-102.9436	4.6004
002580.SZ	圣阳股份	73.5610	2.4848
002610.SZ	爱康科技	49.6014	1.9019
300080.SZ	易成新能	-12.4532	1.2153
300111.SZ	向日葵	-732.1771	3.1946
300118.SZ	东方日升	19.7652	1.6322
300274.SZ	阳光电源	28.3301	4.1809
300393.SZ	中来股份	31.4523	6.5995
600151.SH	航天机电	-83.4848	1.9496
600438.SH	通威股份	30.6284	3.9277
600537.SH	亿晶光电	171.8758	1.5683
601012.SH	隆基绿能	28.5922	6.3223
601727.SH	上海电气	55.7516	2.0097
601908.SH	京运通	36.4421	1.7944
603396.SH	金辰股份	53.8950	8.0387
603507.SH	振江股份	44.4344	10.3213
603628.SH	清源股份	87.1689	5.3201
603806.SH	福斯特	24.6036	3.0956
	中位数	34.0816	2.7902

资料来源：Choice。

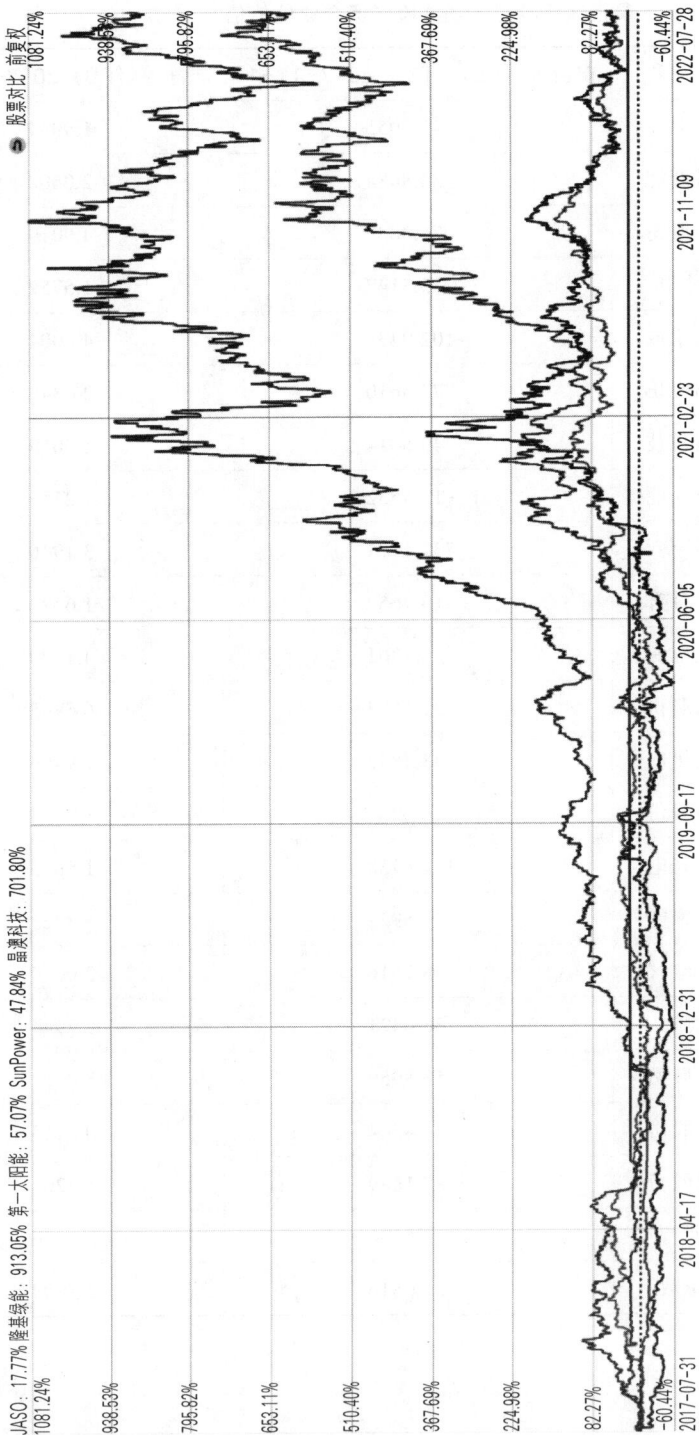

图 A-10 晶澳太阳能、隆基绿能、First Sloar、SunPower 近三年股价走势（元，前复权）

资料来源：雪球。

2.标的方

天业通联主要从事铁路、公路、桥梁、地下轨道施工等起重运输设备的设计、生产、制造、销售、施工服务，属于装备制造行业，与宏观经济周期密切相关，受国家固定资产和基础建设投资规模的影响，存在周期性风险。

自2010年上市后，天业通联连年亏损，2012年和2013年亏损金额分别高达3.18亿元和4.29亿元，2014年通过处置部分资产的方式实现扭亏为盈，2016—2018年天业通联虽然实现了小幅盈利，但归属于母公司股东的净利润整体呈现下滑趋势（详见图A-11）。

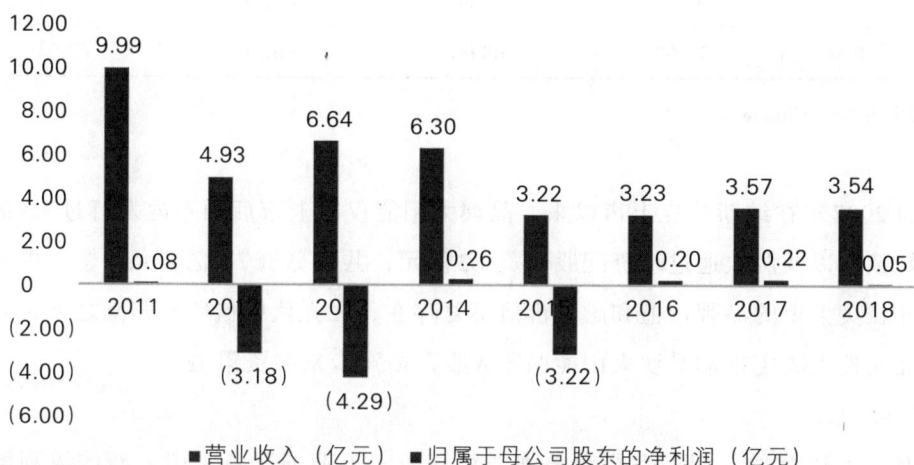

图A-11 天业通联收入利润表现

资料来源：Choice。

A.5.2 交易目的

1.收购方

利用A股资本市场平台，提升融资和估值。作为技术与资本密集型行业，光伏企业需要拥有雄厚的资本投入及可持续的融资能力，以扩充产能。2015—2018年，A股光伏企业的资产负债率中位数和平均值均在60%左右（详见表A-19）。受电站建设等长期资产投资、股东分红以及收购晶龙集团下属10家企业应付收购款项等因素影响，晶澳太阳能的资产负债率高于行业平均水平，且逐年上升。

表A-19 　　　　　　　　　A股光伏企业的资产负债率（%）

企业名称	2018年9月30日	2017年12月31日	2016年12月31日	2015年12月31日
隆基股份	59.07	56.68	47.35	44.62
亿晶光电	46.40	45.49	57.24	59.10
协鑫集成	78.78	79.31	79.42	75.77
东方日升	53.66	54.36	60.29	63.00
拓日新能	54.57	50.72	43.72	38.63
中利集团	67.62	70.90	76.41	73.45
平均值	60.02	59.58	60.74	59.10
晶澳太阳能	77.00	68.06	66.91	62.54

资料来源：Choice。

自2007年在纳斯达克上市以来，晶澳太阳能仅在上市后两年内发行过3.5亿美元可转债，以及两次通过增资配股募资4.2亿元，共计募资7.7亿美元。鉴于中国光伏企业在美上市的品牌价值和融资价值不复存在，在光伏中概股回归潮之下，晶澳太阳能实控人决定推动晶澳太阳能回归A股，拓宽未来融资渠道。

2.标的方

基于上述背景，周期性行业叠加业绩压力，天业通联急需引入新的盈利增长点。鉴于标的公司具有良好的盈利能力，本次交易旨在帮助上市公司创造新的利润增长点，增强其盈利能力及抗风险能力。

A.5.3　交易方案

1.交易时间表

晶澳太阳能在私有化过程中，就已经启动A股重组上市筹划。在上市公司初次发布重组相关公告时，晶澳太阳能私有化估值为23.45亿元，天业通联市值达46.84亿元。此后，晶澳太阳能开展了引入战略投资者、拆除红筹架构、梳理资产、开展审计评估等工作，6个月后天业通联正式公告了双方的交易方案。此后，又经过10个月的时间，天业通联的重组获得证监会批准。交易时间表详见表A-20。

表 A-20   交易时间表

时间节点	关键性事件
2015年6月5日	晶澳控股董事会首次收到由靳保芳及其控制的晶龙BVI组成的买方团提出的初步非约束性私有化要约，报价9.69美元/股，企业估值约4.89亿美元，收购方案未付诸实施
2017年6月5日	晶澳控股董事会二度收到由靳保芳及其控制的晶龙BVI组成的买方团提出的初步非约束性私有化要约，报价调整至6.8美元/股
2017年11月17日	私有化财团正式与晶澳控股等达成了一项最终协议和合并计划，晶澳太阳能将以3.62亿美元的全现金交易方式被收购且实现私有化
2018年7月17日	晶澳控股向SEC报备Form-15，晶澳太阳能宣布完成与控股母公司JASO Acquisition的合并交易，合并完成后晶澳太阳能成为JASO Acquisition的全资子公司，正式从美国纳斯达克退市并成为私有公司
2018年7月19日	A股上市公司天业通联与晶澳太阳能实际控制人签了《重大资产重组意向协议》，对以发行股份方式购买晶澳太阳能100%的股权相关事宜达成合作意向，并宣布自2018年7月19日开市起停牌
2019年1月20日	上市公司天业通联召开第四届董事会第十九次会议，审议通过《关于公司重大资产出售及发行股份购买资产暨关联交易方案的议案》等本次交易相关议案
2019年5月27日	上市公司天业通联、晶泰福、其昌电子、靳军森共同签署了《盈利预测补充协议》
2019年6月12日	上市公司天业通联召开2019年第一次临时股东大会，逐项审议通过了《关于公司重大资产出售及发行股份购买资产暨关联交易方案的议案》等相关议案
2019年9月19日	天业通联《重大资产出售及发行股份购买资产暨关联交易方案》获有条件过会，并购重组委要求上市公司披露《长期供应协议》的具体内容、会计处理的合规性及对标的公司未来经营业绩的影响、标的公司资产负债率较高对公司持续经营能力的影响，以及防范偿债风险的具体措施
2019年10月28日	中国证监会出具了《关于核准秦皇岛天业通联重工股份有限公司向宁晋县晶泰福科技有限公司等发行股份购买资产的批复》（证监许可〔2019〕2012号），本次交易获中国证监会核准
2019年11月8日	交易标的晶澳太阳能100.00%股权过户至上市公司天业通联名下，相关工商变更登记手续办理完毕，晶澳太阳能取得宁晋县市场监督管理局换发的营业执照，晶澳太阳能成为上市公司的全资子公司
2019年11月21日	上市公司完成本次发行股份购买资产新增股份登记
2019年11月29日	本次发行股份购买资产新增股份上市

资料来源：上市公司公告。

2.交易结构

本次交易包括重大资产出售以及发行股份购买资产两部分，两项交易同步进行，互为条件，不可分割，若其中任何一项交易终止，则本次交易终止实施。

（1）将壳公司原有资产负债置出

天业通联拟将截至评估基准日2018年12月31日之全部资产与负债，注入全资子公司秦皇岛天业通联重工科技有限公司，之后以子公司100%股权的形式作价12.7亿元，由实际控制人何建平所控制的华建兴业以现金方式收购，华建兴业也是上市公司的间接控股股东。

（2）换股收购

换股收购即壳公司向借壳方定向增发新股，使收购方取得壳公司的控制权，并将借壳企业的资产负债置入。天业通联拟发行股份购买晶澳太阳能全部股东所持有100%的股权，作价75亿元，按照发行价格7.87元/股计算，拟新发行约9.52亿股。发行股份的对象为晶泰福、深圳博源、其昌电子、靳军淼、晶骏宁昱、晶礼宁华、晶仁宁和、晶德宁福、宁晋博纳，交易结构见图A-12，重组上市前晶澳太阳能的股权结构见图A-13。

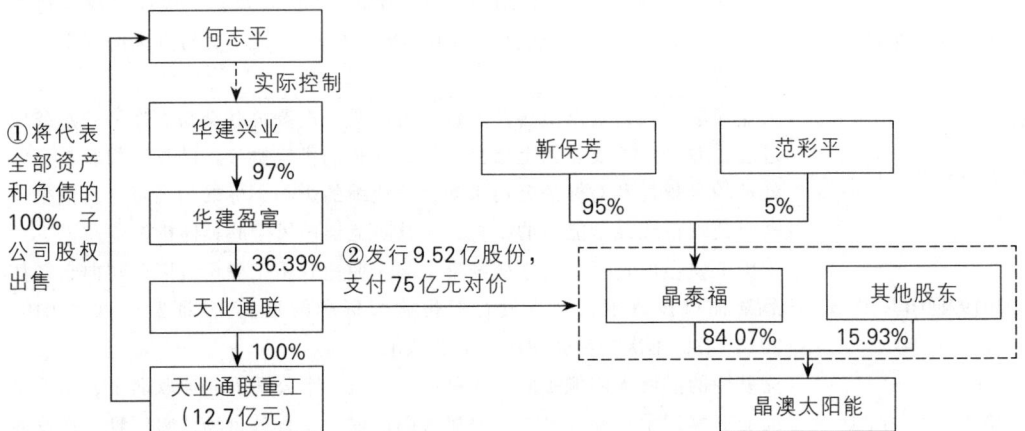

图A-12 晶澳太阳能借壳天业通联的交易结构

资料来源：上市公司公告、华泰证券。

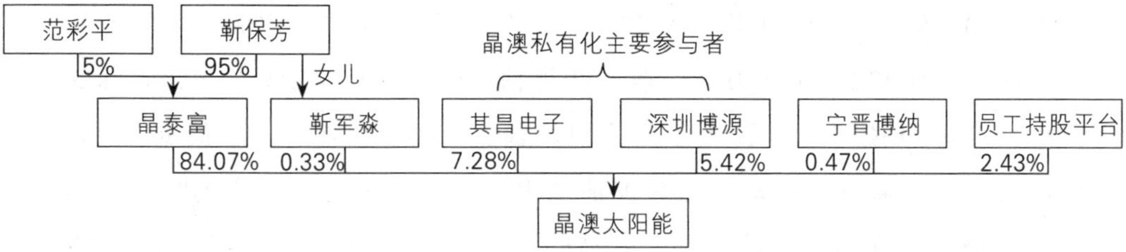

图A-13 重组上市前晶澳太阳能的股权结构

资料来源：上市公司公告、华泰证券。

本次交易完成后，晶澳太阳能将成为上市公司全资子公司，并纳入合并报表范围，上市公司将从事光伏业务。晶澳太阳能的控股股东晶泰富将持有天业通联59.72%股份，新晋为上市公司的控股股东，晶泰富的控股股东靳保芳成为天业通联的实际控制人。天业通联原实控人何志平的持股比例则由36.39%下降到10.54%。本次交易构成重大资产重组、重组上市和关联交易。重组上市后晶澳太阳能的股权结构见图A-14。

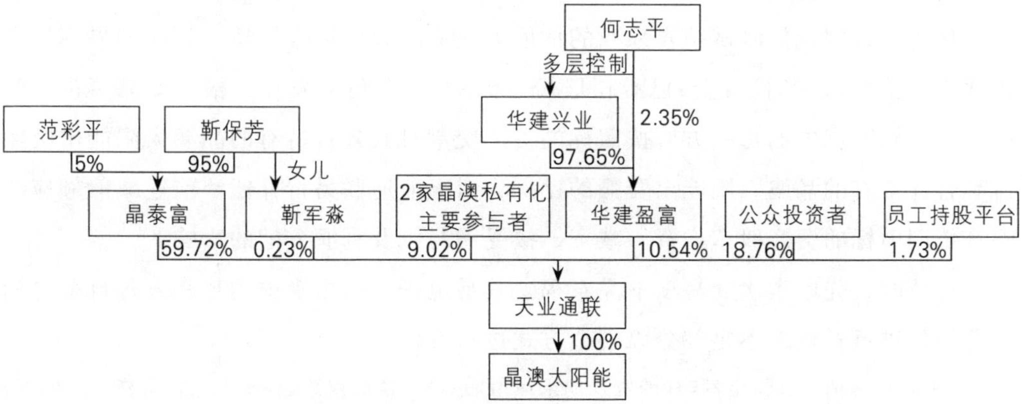

图A-14 重组上市后晶澳太阳能的股权结构

资料来源：上市公司公告、华泰证券。

3.估值定价

截至评估基准日2018年12月31日，标的公司经审计的母公司单体口径净资产账面价值为463 775.58万元，资产基础法评估值为678 415.96万元，较其账面价值增值 214 640.38 万元，增值率为 46.28%；标的公司经审计的合并口径归属于母公司所有者权益合计 532 962.18 万元，收益法评估价值为 750 846.50 万元，较标的公司经审计的合并口径归母净资产账面价值增值 217 884.32 万元，增值率为 40.88%。本次评估最终选取收益法估值作为评估结果，即收益法下标的公司股东全部权益价值评估值为 750 846.50 万元，对应标的资产晶澳太阳能 100% 股权的评估值为 750 846.50 万元。

4.盈利补偿安排

（1）盈利预测补偿的实施

宁晋县晶泰福科技有限公司、宁晋县其昌电子科技有限公司、靳军森作为补偿义务人承诺晶澳太阳能在 2019 年度、2020 年度、2021 年度合并财务报表中扣除非经常性损益后归属于母公司的净利润分别不低于 60 000 万元、65 000 万元、70 000 万元。

（2）减值测试

在承诺期届满后三个月内，天业通联应聘请具有证券期货业务资格的会计师事务所依照中国证监会的规则及要求，对标的资产出具减值测试报告。除非法律有强制性规定，否则减值测试报告采取的估值方法应与评估报告保持一致。如果标的资产期末减值额>已补偿现金+已补偿股份总数×对价股份的发行价格，则晶泰福、其昌电子、靳军森中的每一方应按照标的资产交割日其各自持有的晶澳太阳能出资额占其合计持有的晶澳太阳能出资额的比例，对天业通联另行补偿。前述减值额应扣除补偿期内标的资产股东增资、减资、接受赠与以及利润分配的影响。

补偿时，先以本次交易项下晶泰福、其昌电子、靳军森中的每一方各自取得的对价股份进行补偿，不足部分以现金方式进行补偿。

标的资产减值应补偿金额=标的资产期末减值额-已补偿股权总数×本次发行价格-已补偿现金总额

无论如何，标的资产减值补偿与盈利承诺补偿合计不应超过标的资产的交易价格。

A.5.4 链接：政策背景

1.中概股"回 A"渠道的顺畅化

2015 年，中概股曾开启一波退市回归 A 股的热潮，此后由于政策收紧，中概股回归骤然降温，此后的两年里，仅有奇虎360、药明康德等少数中概股企业通过借壳和IPO回归A股。2018年3月，国务院办公厅转发证监会《关于开展创新企业境内发行股票或存托凭证试点的若干意见》，但截至2019年年初，中概股以CDR形式回归A股也未形成潮流。因此，回归道路不畅通情况下，已经海外私有化的中概股囤聚。

2018年10月，证监会明确表示将支持优质境外上市中资企业参与A股上市公司并购重组，不断提升A股上市公司质量。对于此类并购，证监会采取境内企业并购相同标准，一视同仁，不设任何额外门槛。在此背景下，在美遇到困境的光伏中概股纷纷寻求回归A股上市，"回A"的方式也趋于多元化，既包括境外私有化后独立IPO或借壳上市，也包括子公司分拆上市。相应地，国内光伏产业的竞争和洗牌也在加剧。

随着2019年科创板注册制及2020年创业板注册制的推行和深化，国内资本市场更加完善，A股降低了IPO和并购的门槛，简化和缩短了审核流程，为未盈利、同股不同权、存托凭证、红筹架构等多种情况下的企业提供了多元化上市通道，优化上市规则等举措显著提高了新经济企业发行上市环节的效率，客观上为承接中概股回归铺平了道路，早期因A股上市门槛较高或政策不成熟而出走的新经济企业也有更强的意向回归A股。

自2020年以来，随着中美贸易摩擦升级，美国对中概股的监管政策日渐趋严，远赴海外上市的中概股公司所面临的外部压力越来越大，回归上市成为中概股的出路。2020年12月18日，美国《外国公司问责法》正式生效。依据此法案，如果某发行人连续三年均被美国证券交易委员会（SEC）识别为无法被美国上市公司会计监督委员会（PCAOB）检查审计机构及审计底稿的目标发行人，则该目标发行人将被SEC实施交易禁令，面临从美国证券交易所强制退市的风险，落入该法案监管范围的主要为中概股公司。在巨大的政策风险下，中概股在美股市场面临的融资环境和监管环境发生了变化，寻求更高估值、获得更好的市场流动性和超募资金，成为其重点考虑的因素，诸多中概股因此选择退出美国市场，2018年至2021年，已有20余家中概股回归港股或A股。尽管中美于2022年8月26日签署审计监管合作协议，确立两国对等原则，明确合作范围和协作方式，短期内中概股退市风险降低，但回归上市仍是中概股的一种选择。

2023年2月，全面实行股票发行注册制改革正式启动，向境外红筹企业再次抛出了回归的橄榄枝，有望吸引更多中概股或潜在赴美赴港上市的优质企业回归A股。沪深交易所发布《关于就全面实行股票发行注册制配套业务规则公开征求意见的通知》，其中，股票上市规则（征求意见稿）新增了关于红筹企业发行股票或者存托凭证并在主板上市的具体标准。同时，深交所发布《深圳证券交易所创业板股票上市规则（2023年修订征求意见稿）》，修改红筹企业上市标准，支持符合条件的尚未盈利的红筹企业和特殊股权结构企业在创业板发行上市。

目前在美中概股回归A股上市的路径主要有以下四种①：一是直接发行A股股票上市，发行人为注册地在境外、主要经营活动在境内的红筹企业，以境外主体身份在境内A股直接申请首次公开发行股票并上市；二是发行中国存托凭证（CDR）实现上市，即由存托人签发、以境外证券为基础在中国境内发行、代表境外基础证券权益的证券；三是分拆上市，在美中概股保留在美上市地位，以其拥有部分业务或资产的境内子公司作为发行人，在境内A股市场完成首次公开发行股票并上市；四是私有化退市，在美中概股暂时放弃上市地位，私有化后择机再向其他交易所申请上市。

2.借壳作为证券化路径的吸引力变化

沪深市场的借壳上市是否允许配套融资历经了监管规则的演变。2011年明确上市公司重大资产重组可同时配套融资，后由于并购市场出现忽悠式重组、借壳上市"高烧不退"、通过重组募集配套资金为标的公司"补血"等乱象；2016年取消借壳上市的配套融资，这一政策的调整，直接影响了市场上借壳上市的数量。2008年至2010年，借壳上市的企业数分别为4家、2家、3家；2011年至2015年，借壳上市的企业数分别为14家、10家、22家、25家，37家；2016年降为24家。2017年至2019年，借壳骤冷，借壳上市的企业数分别为7家、3家和6家。2019年，借重组上市"炒壳""囤壳"之风已得到抑制，而在当时的经济形势下，一些公司经营困难、业绩下滑，需要通过并购重组吐故纳新、提升质量。证监会于2019年10月再次修正了《上市公司重大资产重组管理办法》，取消了借壳上市"净利润"指

---

① 参见汉坤律师事务所《中概股未来及出路系列》。

标，有限度放开创业板借壳上市，允许部分符合条件的创业板上市公司借壳，并恢复借壳上市配套融资。修订后的《上市公司重大资产重组管理办法》极大地降低了借壳的合规成本，扩大了资产的选择范围，恢复了借壳的融资能力。天业通联便是2019年继 ST 新梅之后第二家发布预案的借壳企业，两家公司借壳的都是光伏资产。

核准制下，相对直接 IPO 上市而言，借壳上市的优势是找到壳并达成交易方案后，操作的可控性更强、审核时间更短、成功率更高。由于上市审核时间长，上市资源稀缺，公司一旦上市后就有了较高的"壳"价值，为了让体系内的非上市资产获得上市后的高估值，上市公司的并购标的首选为实控人培育的非上市资产。同时由于"壳"价值的存在，借壳上市也是这一阶段并购重组市场的重要构成。因此，这一阶段的并购以非上市资产的证券化为主要特征。

然而，注册制下，借壳上市的优势不复存在，借壳上市的现象在大幅减少。注册制背景下，资本市场开闸引发"壳"价值走低，不仅买方对"壳"质地的要求越来越高，交易条款也在往对买方更有利的方向倾斜。2019年至2021年，借壳上市的企业数分别为6家、3家和1家，平均交易价值也从74.19亿元降低至14.08亿元（见图 A-15）。具体原因包括下述两个方面：

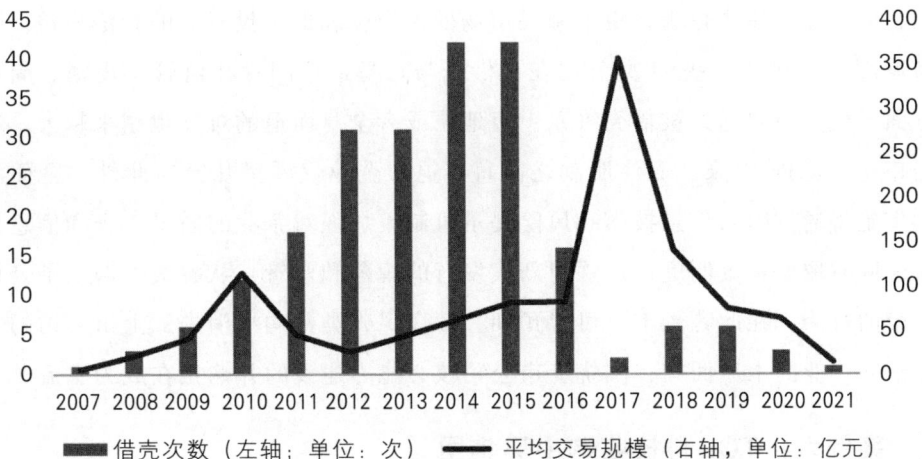

图 A-15　沪深借壳上市概况图

资料来源：Choice。

一方面，A股上市公司数量扩容，"壳"价值不再稀缺，借壳吸引力下降。2020年6月12日，深圳证券交易所发布《创业板改革并试点注册制深交所相关业务规则及配套安排》，允许未盈利公司、红筹企业、同股不同权企业上市，拟采取三套不同上市标准，创业板IPO包容度提升，有利于符合条件的资产独立上市，借壳面临的制度竞争压力增加。近三年来，接近1 200家公司成功登陆A股，全市场上市公司数量扩容超过三成，总量突破4 800家，上市公司不再稀缺。2021年6月22日，深圳证券交易所发布《深圳证券交易所创业板上市公司重大资产重组审核规则（2021年修订）》，该法规为借壳资产提出三套标准，打开了亏损资产借壳的限制，尽管借壳的融资能力恢复，但在合规成本与时间成本相对优势下滑的情况下，借壳的吸引力依然不如往昔，创业板借壳放开半年后，才出现第一宗创业板借壳案例。

另一方面，随着退市制度的完善，市场开始进入优胜劣汰的良性循环。2014年出台的《关于改革完善并严格实施上市公司退市制度的若干意见》拉开了退市机制的序幕。《创业板改革并试点注册制总体实施方案》推出后一方面完善了退市标准，取消单一连续亏损退市指标，引入"扣非净利润为负且营业收入低于1亿元"的组合类财务退市指标，新增市值退市指标；另一方面简化了退市程序，取消了暂停上市和恢复上市。退市制度趋严将进一步引导上市公司把更多的精力用在主业经营上，减少保壳违规行为，更加敬畏市场处罚力度和保护投资者的合法权益。随着退市制度的完善，一些ST类公司在被借壳与自身退市间存在监管、规则、周期等多方面矛盾，想要通过被借壳维系上市地位或者全身而退的难度也越来越大。2022年退市企业已逾40家，而注册制之前每年退市企业仅零星几家。此外，全面注册制的实施将通过引入信息披露和风险提示机制，加强对企业的质量审查和信息披露要求，同时取消审批制度，加强对新股发行的规范和监管，从源头上遏制了公司借壳上市的行为。在此背景下，可以预期，炒壳保壳类并购将消失，上市公司的并购将逐渐向产业的本质回归，围绕上市公司核心能力建设的并购正在成为主流。

A.6 案例六：TCL科技收购中环集团

A.6.1 交易背景

1.收购方

TCL集团曾是一家主营彩电、冰箱、洗衣机、空调等白色家电的企业，于2004

年在深交所主板上市。2000 年以后，因液晶显示技术兴起，拥有上游显示屏资源的韩系品牌取代日系品牌，占据全球电视品牌市场的主要份额。彼时，中国的显示屏进口依赖较为严重，产业链利润也主要集中在上游。为了在全球市场获得更高的产业地位，2007 年，主要做终端产品的 TCL 集团与深圳市政府商议启动华星项目，组建团队自主建设液晶模组 8.5 代线，以显示屏来夯实企业基础核心技术的能力，计划未来通过在半导体显示产业的发展实现转型升级。该项目计划投资 245 亿元，是深圳历史上最大的单体投资工业项目。

2013—2017 年，从事半导体显示及材料业务的华星光电营业收入从 155 亿元涨到 306 亿元，净利润从 3.2 亿元涨到 49 亿元，成为 TCL 集团的业绩主要贡献力量。TCL 华星是全球半导体显示行业的主要厂商，与京东方并称为国内面板行业双雄，布局了 Mini-LED、Micro-LED、OLED、印刷显示等先进显示技术，产品覆盖大中小尺寸面板及触控模组、电子白板、拼接墙、车载、电竞等高端显示应用领域。

相较而言，面板以外的其他业务尽管销售规模大，但技术含量不高、营收上升空间有限、利润率较低。为了解决公司发展的瓶颈，TCL 集团决定进一步向产业链上游迁移，由劳动密集型产业向资本密集和技术密集型产业过渡。2019 年 4 月，TCL 集团向 TCL 实业控股剥离了家电、通信和 IT 服务业务，将原上市主体重组为 TCL 科技，TCL 集团形成了"TCL 科技+TCL 实业"的"双子"架构，建立了半导体显示及材料和智能终端两大产业集群。

2. 标的方

中环集团成立于 1998 年 4 月，前身为 1959 年成立的天津市电机工业局。中环集团是天津市政府授权经营国有资产的大型电子信息企业集团，主要经营新能源与新材料、新型智能装备及服务、核心基础电子部件配套等业务。中环集团拥有国有全资、国有控股及参股企业 250 余家，其中上市公司 3 家，新三板挂牌企业 3 家。中环集团 2018 年营收 144.23 亿元，净利润 6.22 亿元。

在中环集团旗下子公司中，中环股份是此次竞标者最为看重的资产。中环股份成立于 1958 年，前身是天津市半导体材料厂，1981 年开始涉足太阳能单晶硅制造领域，2004 年完成股份制改革，2007 年在深交所中小板上市（详见表 A-21）。实际控制人为天津市国资委。

表 A-21 　　　　　　　　　　中环股份的发展历程

时间	关键性事件
1958年	组建天津市半导体材料厂
1969年	组建天津市第三半导体器件厂
1979年	改制为国有独资的天津市中环半导体有限公司
1981年	进军太阳能单晶硅领域，是我国五家最早的光伏企业之一
2004年	高压硅堆产销量跃居世界第一
2007年	在深交所上市，天津第一家中小板上市企业
2014年	与四川发展等组建四川晟天新能源公司，进军光伏电站开发业务
2015年	成立东方环晟、天津环美等，开拓光伏电池片业务及叠瓦组件业务
2016年	光伏四期项目启动，建设完成后单晶总产能规模到达15GW以上
2017年	收购国电光伏宜兴产业园项目与SPWR合资建设叠瓦组件项目；增加了对多晶硅料龙头供应商协鑫的出资
2018年	内蒙古光伏四期项目达产，晶体规模产能25GW；收购国电光伏90%股份，后者主要经营电池片和组件
2019年	G12超大硅片"夸父"系列产品全球首发，中环光伏五期项目启动
2020年	收购Maxeon股份成为其第二大股东，公司混改引入TCL成为控股股东
2021年	宁夏六期50GW210硅片项目开工建设，混改后实施首次股权激励
2022年	与协鑫投资206亿元建设多晶硅、半导体材料等项目的中环产业城开工

资料来源：上市公司公告。

中环股份的主营业务围绕硅材料展开，横跨半导体产业和光伏产业。中环股份既是国内半导体材料龙头企业之一，也是国内知名光伏硅片企业，主营产品包括太阳能硅片、太阳能电池片、太阳能组件、半导体材料、半导体器件等。在半导体器件领域，其功率半导体用区熔单晶、单晶硅片综合实力国内第一、全球前三；在集成电路用8~12英寸硅片材料方面，其是中国最具竞争力和发展前景的企业。在光伏产业中，中环股份是唯一可以和隆基一较高下的企业，其光伏单晶研发水平全球领先，拥有行业领先的单晶生长技术，可有效降低晶体内在缺陷，保障硅棒品质，提升太阳能电池转换效率，在业内率先推出低衰减单晶硅棒和高效能单晶硅棒，单晶硅晶体晶片整体产销规模位列全球前列，高效N型硅片市场占有率全球第一，并于2019年8月推出了210mm尺寸G12超大硅片"夸父"系列产品，形成了全新的行业标准，为未来光伏发电提供成本可持续下降的平台，引领光伏行业逐步进入大尺寸、薄片化时代。

2020年中环股份营收190.57亿元，实现归母净利润10.89亿元。从营收结构来看，新能源材料业务（光伏硅片+组件）是中环股份收入的主要来源，2017—2020年占总营收比重在86%~89%；半导体材料收入金额逐年稳步提升，2017—2020年占比在6%~7.5%；2019—2020年，半导体器件在营收中的占比则不足1%。从毛利率趋势来看，2018年以来新能源材料（光伏硅片+光伏组件）业务毛利率稳步提升，由15.0%增长至21.2%；半导体材料业务毛利率2018年达到30.1%的高点后持续下降；半导体器件的毛利率则一直为负，2019年毛利率降至-34.3%。

A.6.2　交易目的

1.收购方

（1）符合TCL科技战略规划，有望开辟第二发展赛道

TCL科技在2019年剥离终端业务完成重组后，定位于科技产业集团。其战略规划表现为，通过推进半导体显示产业的纵向延伸和横向整合，加速在基础材料、下一代显示材料，以及新型工艺制程中的关键设备等领域的布局，在强化内生增长能力的基础上，考虑通过合作、合资、收购兼并等方式进入核心、基础、高端科技领域以及可能制约其发展的上下游相关产业。

中环集团主要从事半导体及新能源材料的自主创新发展，符合TCL科技战略方向和产业发展理念，属于其战略推进的可选范围和标的。收购天津中环集团，是TCL科技在兼顾半导体显示主业后，向半导体上游材料、设备等核心领域持续布局的重要里程碑式节点。伴随着国产半导体硅片、光伏单晶硅片高速发展，进军新能源光伏与半导体材料领域，有望开辟TCL科技业务发展的第二赛道。

（2）在津产业布局持续深入

根据地方政府的产业落地要求，除了考量受让方的产业、战略协同、资金实力、管理架构、人才资源、党建工作外，还需要考量其在当地的既往布局。

此前已在天津产业布局深耕多时的TCL科技则具有一定优势。2009年，TCL科技在天津设立了TCL奥博环保发展有限公司，并为该公司引入生产线，成为中国北方重要的废弃电器及电子产品回收处理基地；2015年，TCL科技以战略投资者身

份，参与了中环集团旗下的天津老牌国企七一二的体制改革，助推其上市，目前是该公司的第二大股东，持股比例达19.07%；2019年，TCL科技与天津市政府签署了战略合作框架协议，表示将进一步扩大在津投资和战略布局，将与天津国资委旗下津智资本共同设立目标百亿规模的科技产业基金；随后，TCL科技将北方业务总部落户于天津，并将旗下工业互联网公司格创东智引入天津，重点发展智能设备、云计算、大数据等创新业务；此外，TCL科技旗下的中新融创也与天津海河产业基金携手发起设立了科技产业基金，以集成电路、智能终端、企业智能化升级改造服务等为重点投资领域。

成为中环集团混改项目的最终受让方后，TCL科技计划三年内在天津投资近百亿元打造产业集群，并与天津市签署深化战略合作备忘录。其中60亿元用于促进中环电子集团持续良性发展，其余42亿元用于在天津核心地区设立区域性实业总部，统筹北方业务拓展并推动其在东北亚、北亚及欧洲的战略布局。

2.被收购方

（1）TCL入主带来新的经营活力

中环股份与隆基股份被称为全球单晶硅领域的"双龙头"。过去十年，两大龙头企业竞争激烈。

混改前，中环股份受限于国有体制的束缚，在管理、投资、研发等方面未实现真正的市场化。作为一家在半导体硅片深耕数十年的老牌国企，具备浓厚的半导体基因的中环，在原有机制内很难做出突破"光伏舒适圈"的大幅度动作；处于激烈竞争状态的半导体行业中，也难以与市场上同类型企业充分竞争，运营效率和劳动生产率受到束缚；此外，在传统国有企业管控机制下，中环股份技术创新难以推进，在缺少容错机制的情况下，也难以有效调动创新的积极性和提升管理的效率。能否借助此次混改引入资金与产业实力兼具的投资者，成为中环股份能否成长为行业绝对龙头的关键。

1997年，时为广东惠州地方国企的TCL进行了混改，此后一路发展成为一家优秀的民营上市公司。对于中环集团来说，TCL积累的混改经验可以帮助其解除国有体制的束缚，实现市场化经营机制转型。本次混改后，引入TCL作为股东将在推进股权多元化、健全法人治理结构、完善市场经营机制、健全激励约束机制等方面进行有益探索，将会为中环股份进行技术创新创造更好的土壤，有利于中环股份竞争力和盈利能力的提升。根据公告，混改完成后，TCL科技将通过协同整合、产业落地、需求引导等方式进行突破，把握半导体向中国转移的历史性机遇、能源供给清洁升级及智能联网电气化的发展浪潮。

（2）引入TCL科技，带来业务协同机会

此外，半导体显示与半导体集成电路在基础工艺原理上有一定通用性，TCL华星光电和中环股份有相当大比例的供应商在同一供应链上，制造工艺技术也存在较大关联性。TCL科技竞购中环集团，双方未来在业务上可具有一定的互补和提升，有利于双方的发展。尽管中环股份在半导体方面拥有技术优势，但业务占比仅为10%左右。对于中环股份来说，引入TCL科技后，可以在半导体业务上形成良好的上下游供应合作关系，有望带来大量的订单合作。

A.6.3 交易方案

1.交易时间表

本次交易的时间表见表A-22。

表A-22　　　　　　　　　　　　　交易时间表

时间节点	关键性事件
2019年9月18日	中环集团启动混改相关工作，并以2019年8月31日为基准日开展清产核资、审计以及评估等工作
2019年11月14日	中环集团的控股股东天津市国资委将其持有中环集团49%的股权无偿划转至天津渤海国有资产运营管理有限公司
2020年1月20日	中环集团100%产权转让项目在天津产权交易中心进行项目信息预披露
2020年5月20日	中环集团正式在天津产权交易中心公开挂牌，转让底价约109.74亿元，天津产权交易中心将根据权重分值体系评分，得分最高的竞购方为最终受让方
2020年6月17日	TCL科技收到《受让资格确认通知书》
2020年6月23日	TCL科技发布公告称，董事会已审议通过，确认已作为意向受让方参与公开挂牌竞购中环集团100%股权，本次交易不构成重大资产重组
2020年7月15日	TCL科技公告已收到天津产权交易中心通知，经评议小组评议并经转让方确认，TCL科技成为中环集团100%股权公开挂牌的最终受让方；截至7月15日，TCL科技的市值为869.88亿元，中环股份市值为779.20亿元，天津普林市值为30.14亿元

续表

时间节点	关键性事件
2020年7月22日	2020年7月21日，交易各方即津智资本、渤海国资、TCL科技于2020年7月17日签署了《产权交易合同》
2020年9月11日	中环集团混改项目的最终受让方TCL科技取得国家市场监督管理总局出具的《经营者集中反垄断审查不予禁止决定书》（反垄断审查决定〔2020〕330号），对TCL科技收购中环集团股权案不予禁止。本次间接转让后，中环集团不再符合国有股东界定条件，取消证券账户中的"SS"标识。《产权交易合同》正式生效，转让金额为125亿元
2020年9月27日	依据《产权交易合同》的约定，TCL科技支付了全部股权转让价款，且天津产权交易中心已出具本次交易《国有产权交易凭证》
2020年10月	TCL科技将中环集团纳入合并报表范围，资产、负债及所有者权益相应增加

资料来源：上市公司公告。

2.交易标的

本次交易中，标的为转让方津智资本及渤海国资合计持有的中环集团100%股权，涉及的主要资产集中在中环股份与天津普林两家上市公司，中环集团分别持有其27.55%与25.35%的股份。

在本次交易中，国资退出的比例安排达到100%，其一，这体现了天津国企混改的决心与诚意，国资不再追求控股地位，在股权结构上放开产权；其二，实控权转让更容易吸引负责任、资本量大的战略投资者，有利于混改企业完善法人治理结构，转变经营机制；其三，因"控制权溢价"的存在，控制权转让的交易价格也会有所提升，有利于提升国有资产的价值。

3.交易结构

以本次交易的核心资产中环股份为例，本次变动前股权结构如图A-16，天津津智国有资本投资运营有限公司和天津渤海国有资产经营管理有限公司分别持有中环集团51%和49%的股权，中环股份实际控制人为天津市国资委。

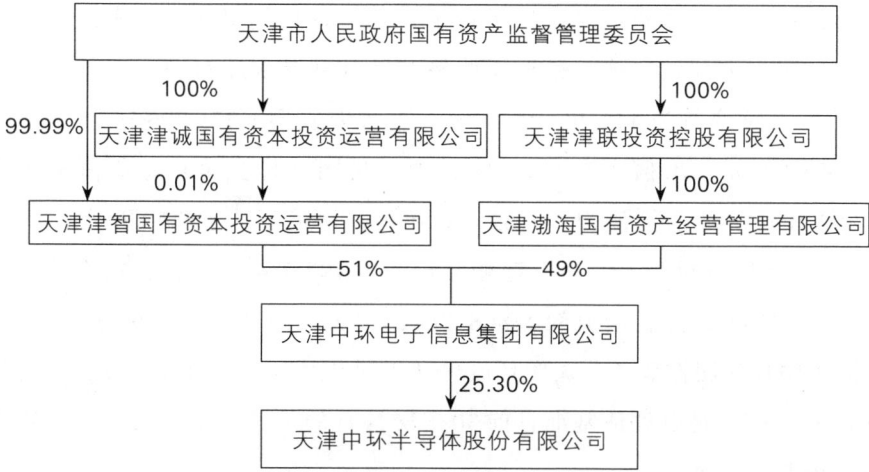

图A-16 收购前中环股份的股权结构

资料来源：上市公司公告。

本次交易后股权结构如图A-17，TCL科技成为中环股份间接控股股东，中环股份实际控制人变更为无实际控制人，李东生先生及其一致行动人为TCL科技第一大股东。

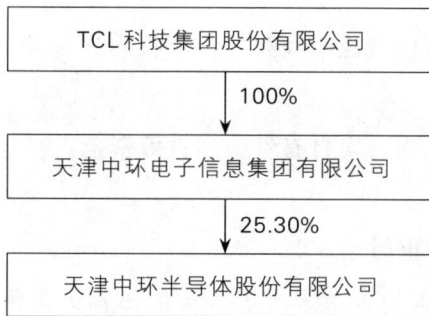

图A-17 收购后中环股份的股权结构

资料来源：上市公司公告。

4.估值定价

（1）交易标的公司评估情况

北京中企华资产评估有限责任公司以2019年8月31日为评估基准日，对中环集团全部权益价值采用资产基础法进行了评估，评估结果如下：本次交易以中环集团（母公司）为评估主体，截至评估基准日2019年8月31日，中环集团（母公司）总资产账面价值为446 401.46万元，评估价值为1 255 306.36万元，增值额为808 904.90万元，增值率为181.21%；中环集团（母公司）总负债账面价值为248 717.02万元，评估价值为248 826.76万元，增值额为109.70万元，增值率为0.04%；中环集团（母公司）净资产账面价值为197 684.44万元，资产基础法评估价值为1 006 479.6万元，增值额为808 795.20万元，增值率为409.13%。评估增值主要是因为中环集团控股子公司中环股份和天津普林为上市公司，其账面价值采用成本法核算，评估是以评估基准日前30个交易日的每日股票加权平均价格算术平均值为基准进行评估。

（2）交易标的股权挂牌底价

根据天津产权交易中心公告，北京中企华资产评估有限责任公司对中环集团的全部权益价值以2019年8月31日为评估基准日进行了资产评估，评估价值为1 006 479.6万元。根据国资相关规定，综合考虑挂牌时中环集团控股子公司中环股份和天津普林股价上涨的因素和基准日后交易标的增资事项，交易标的挂牌转让底价为1 097 436.25万元。

5. 支付方式

转让方将标的股权有偿转让给收购方，由收购方向转让方支付现金作为对价。

6. 资金来源

本次交易的资金来源为公司自有资金和自筹资金。

A.6.4 链接：政策背景

1. 鼓励光伏企业并购重组

2014年12月，工信部出台《关于进一步优化光伏企业兼并重组市场环境的意见》，该意见指出：光伏产业是基于半导体技术和新能源需求而兴起的朝阳产业，也是我国战略性新兴产业的重要组成部分。光伏企业通过兼并重组做优做强，是光伏产业加快转型升级、提高产业集中度和核心竞争力的重要途径，对加快光伏产业结构调整和转型升级、推动产业持续健康发展具有重要意义。具体如下：

（1）工作目标

以立足产业发展特点和现状，以提升行业集中度、培育优势骨干企业、增强产业核心竞争力、优化产业区域布局为总体目标。到2017年年底，形成一批具有较强国际竞争力的骨干光伏企业，前5家多晶硅企业产量占全国80%以上，前10家电池组件企业产量占全国70%以上，形成多家具有全球视野和领先实力的光伏发电集成开发及应用企业。

（2）加强国家光伏产业政策引导

①鼓励骨干光伏企业实施兼并重组。严格实施《光伏制造行业规范条件》，规范光伏行业发展秩序，提高产业发展水平，引导落后产能逐步退出。鼓励符合规范条件的骨干光伏企业充分发挥资金、技术、品牌等优势，对运营状况欠佳但有一定技术实力的光伏企业实施兼并重组。支持骨干光伏企业开展跨国并购，在全球范围内优化资源配置，提高国际化经营能力和水平。

②引导上下游企业加强合作。鼓励光伏产业链上下游企业通过战略联盟、签订长单、技术合作、互相参股等方式，确立长期稳定的合作关系，完善产业链结构，重点推动多晶硅企业和电池及组件企业、上游制造企业和下游发电企业等建立深度合作关系。支持运营状况良好、技术实力领先的骨干光伏企业对上下游环节企业实施兼并重组，完善产业链结构，提高全产业链盈利能力。鼓励电力、化工等关联行业骨干企业与光伏企业实施兼并重组。

（3）完善光伏企业兼并重组体制机制

①消除兼并重组制度性障碍。清理市场分割、地区封锁等限制，建立统一的光伏市场体系。完善市场运行机制，充分发挥市场对于资源配置的决定性作用，营造有利于光伏企业兼并重组的市场环境。进一步减少光伏企业跨所有制兼并重组障碍，鼓励国有企业、民营企业、外资企业等通过并购、参股等多种方式相互开展兼并重组。支持光伏企业以资本、技术、品牌为基础开展联合技术攻关、建立区域性业务合作关系或组成战略合作联盟等。

②优化光伏企业兼并重组审批流程。梳理光伏企业兼并重组涉及的并购重组审核核准等审批事项，缩小审批范围，优化审批流程，提高光伏企业海外并购便利化水平。取消上市公司收购报告书事前审核，强化事后问责；取消上市公司重大资产购买、出售、置换行为审批（构成借壳上市的除外）。对符合条件企业的兼并重组实行快速审核或豁免审核。光伏企业兼并重组涉及的生产许可、工商登记、资产权属证明等变更手续，相关条件未有重大变化的，可按历史继承方式从

简从快办理。

（4）完善落实财政税收优惠政策

①加强财政资金支持。统筹资源支持光伏企业通过兼并重组加快结构优化和转型升级。通过技术改造专项资金加大对兼并重组企业技术改造项目的支持力度，推动企业持续提高工艺技术水平及产品质量。地方政府统筹资金解决本地区光伏企业兼并重组中的突出问题。

②落实并完善相关税收政策。贯彻落实《关于进一步优化企业兼并重组市场环境的意见》（国发14号）精神，对符合条件的光伏企业兼并重组，按照现行税收政策规定享受税收优惠政策。企业通过合并、分立、出售、置换等方式，转让全部或者部分实物资产以及与其相关联的债权、债务和劳动力的，不属于增值税征收范围，不应视同销售而征收增值税。落实兼并重组企业所得税特殊性税务处理政策、非货币性资产投资交易的企业所得税及企业改制重组的土地增值税等相关政策。

（5）充分发挥金融和资本市场作用

①加强金融信贷支持服务。加强产业、财政、金融等部门沟通协作，推动产业、财政政策和金融政策协同配合。鼓励银行业金融机构创新适合光伏企业需求特点的金融产品和服务方式，支持技术含量高、发展前景好、拥有自主知识产权的光伏企业通过兼并重组发展壮大。充分发挥国家各相关银行的引导作用，鼓励商业银行完善并购贷款制度，对兼并重组企业实行综合授信，可以收购标的的资产或股权作担保。支持商业银行完善对光伏企业兼并重组的信贷授信、管理培训等金融服务。

②拓展兼并重组融资渠道。允许符合条件的光伏企业发行优先股、定向发行可转换债券作为兼并重组支付方式。对上市公司发行股份实施兼并事项，不设发行数量下限，兼并非关联企业不再强制要求做出业绩承诺。非上市公众公司兼并重组，不实施全面要约收购制度。鼓励证券公司、资产管理公司、股权投资基金及产业投资基金等向光伏企业提供直接投资、委托贷款、过桥融资等多种融资服务。

（6）加强综合政策及服务体系保障

①落实和完善土地使用优惠政策。政府土地储备机构有偿收回光伏企业因兼并重组而退出的土地，按规定支付给企业的土地补偿费可以用于企业安置职工、偿还

债务等支出。兼并重组涉及的划拨土地，符合《划拨用地目录》的，可继续以划拨方式使用。光伏企业兼并重组中涉及土地使用权转让、改变用途的，城乡规划、国土管理部门等在依法依规前提下加快办理相关规划和用地手续。

②完善企业债务处理和职工安置政策。严格按照有关法律规定和政策，妥善处置企业兼并重组的债权债务关系，确保债权人的合法利益。支持资产管理公司、股权投资基金、产业投资资金等参与被兼并企业的债务处置。落实完善兼并重组职工安置政策，稳妥解决职工再就业、社会保险关系接续和转移、结算拖欠职工工资等问题。指导地方将企业兼并重组职工安置工作与保障职工权益统筹考虑，认真落实《关于失业保险支持企业稳定岗位有关问题的通知》（人社部发〔2014〕76号），对采取有效措施稳定职工队伍的企业，给予稳定岗位补贴，所需资金从失业保险基金中列支。

③进一步加强公共服务体系建设。完善企业兼并重组公共信息服务平台，充分发挥行业协会等作用，加强兼并重组信息交流。加大区域发展指导，避免企业区域性过度集中和恶性竞争，避免并购竞争激烈导致收购成本过度提高。完善光伏企业兼并重组信息服务，加强相关信息披露，推动企业兼并重组信息服务专业化、规范化发展。

④建立完善兼并重组组织协调机制。充分发挥企业兼并重组工作部际协调小组的作用，统筹协调有关重大事项。各部门加强沟通协作，形成合力，提高光伏企业兼并重组工作效率，推动兼并重组工作有效开展。各地区要根据本地实际情况，建立健全协调机制和服务体系，积极协调解决本地区光伏企业兼并重组重要问题，可根据本意见和本地情况制定优化光伏企业兼并重组市场环境的具体方案，促进光伏企业兼并重组工作有序开展。有关重大事项及时报送工业和信息化部。

2.国企混改

（1）国有企业混合所有制改革的政策背景

2013年11月，党的十八届三中全会《关于全面深化改革若干重大问题的决定》提出"国有资本、集体资本、非公有资本等交叉持股、相互融合的混合所有制经济，是基本经济制度的重要实现形式"，由此确定了发展混合所有制为深化国企改革的重要方向。

2015年8月，中共中央、国务院发布《中共中央、国务院关于深化国有企业改革的指导意见》，并前后出台22个配套文件，形成了国企混合所有制改革的"1＋N"文件体系，为国企混改的方案提供了顶层设计指引。其中，22号文指出，"引入非国有资本参与国有企业改革。鼓励非国有资本投资主体通过出资入股、收购股权、认购可转债、股权置换等多种方式，参与国有企业改制重组或国有控股上市公司增资扩股以及企业经营管理"。《国务院关于国有企业发展混合所有制经济的意见》明确指出："鼓励非公有资本参与国有企业混合所有制改革，有序吸收外资参与国有企业混合所有制改革，鼓励国有资本以多种方式入股非国有企业，并分层推进国有企业混合所有制改革。"

此后，混合所有制改革成为国企改革的重点方向。2016年12月，中央经济工作会议中提出了国企改革的重要突破口在于改革混合所有制。2017年10月，党的十九大报告指出，"深化国有企业改革发展混合所有制经济，培育具有全球竞争力的世界一流企业"。2019年11月，国务院国资委发布《中央企业混合所有制改革操作指引》。2020年5月，中共中央、国务院出台《关于新时代加快完善社会主义市场经济体制的意见》。2020年6月30日，习近平总书记主持召开中央深改委第十四次会议，审议通过了面向新发展阶段我国深化国有企业改革的纲领性文件——《国企改革三年行动方案（2020—2022年）》。李克强总理于2021年3月5日在第十三届全国人民代表大会第四次会议上做出的《政府工作报告》中也强调了未来将"深入实施国企改革三年行动，做强做优做大国有资本和国有企业，深化国有企业混合所有制改革"。

（2）国有企业混合所有制改革的主要路径

国有企业实施混合所有制改革的主要路径包括通过产权交易所实施和通过股票市场实施两大类（见表A-23）。近年来，国有企业混合所有制改革进入新阶段，取得了突出成效。中国产权协会数据显示，2021年，产权交易市场助各类所有制企业完成混改项目1 594宗，交易额达2 755亿元。其中，国有企业以股权转让方式完成的混改项目，引入社会资本729.7亿元；以增资方式完成的混改项目，引入社会资本345亿元，合计引入社会资本1 074.7亿元。

表 A-23 国有企业实施混合所有制改革的主要路径

类型		主要实施方式	主要法律依据
通过产权交易所实施	原股东转让股权	通过在产权交易所公开交易，国有股东将持有的国有企业的股权转让给投资人	《企业国有资产交易监督管理办法》（国资委、财政部令第32号）及国有资产交易相关规则
	增资引入新股东	通过在产权交易所公开交易，投资人按照特定的条件向国有企业增资	
通过股票市场实施	发行证券	首发上市（IPO）、国有股东以所持上市公司股票发行可交换公司债券、增发和发行可转换公司债券等	《上市公司国有股权监督管理办法》（国资委、财政部、证监会令第36号）及证券监管有关规定
	上市公司股份转让	一般采取公开征集方式（公开、公平、公正）	
	国有股东与上市公司资产重组	上市公司重大资产重组、上市公司发行股份购买非国有股东所持股权、市场化债转股等	

资料来源：金杜研究院。

（3）天津国企混改的背景

中环集团所在的天津市是老牌工业城市，其工业门类齐全，工业基础雄厚，国有企业对经济贡献占比高，但有较大比例属于竞争性及产能过剩行业，经营疲乏，企业整体活力不足，整体产业结构转型节奏较慢。2012年以来，天津市经济增速放缓、财政收入下滑以及区域债务压力加大。2018年天津城投有息债务率高达573.44%，居全国各省市首位。

尽管天津国企数量位居全国前列，但上市数量不多，天津国企在资本市场融资功能长期处于缺位状态。2020年全年，仅有9家注册地为天津的A股上市公司披露了增发预案，其中天津市国资委旗下的企业则仅有*ST劝业和创业环保两家发布增发预案。

在此背景下，天津市国资委基于盘活国有资产、优化国资布局、做大做强区域国有企业、激发区域活力的考虑，主导启动了一系列混改项目（详见表A-24）。中环集团在天津产权交易中心公开挂牌转让100%股权项目便是这一时期的典型项目。天津市政府希望以混改带动企业经营机制改革，实现产业协同落地，发挥中环集团在大尺寸硅片产业的优势，实现天津半导体产业结构升级和产业链集群再造。

表A-24　　　　　　　　2018年以来天津市属国企混改项目一览

时间	混改项目	股权转让比例	受让方	受让方企业性质
2018年5月	天津建材集团	55%	金隅集团	北京国资
2018年8月	天津药研院	65%	招商局集团	国务院国资委
2018年8月	天津建工	65%	绿地控股	上海国资
2018年11月	北方信托	50.07%	日照钢铁等三家	民营企业
2018年12月	天津农商银行	8.95%	四川交投产融控股	四川国资
2018年12月	天津水产集团	100%	巨石控股	民营企业
2019年1月	天津城投置地	49%	华润置地	国务院国资委
2019年3月	华泽集团	53.3%	国家电投	国务院国资委
2019年11月	一商集团	100%	方大集团	民营企业
2019年11月	海鸥表业	65%	上海汉辰表业	民营企业
2020年4月	天津信托	77.58%	上海上实集团	上海国资
2020年8月	天津住宅集团	51%	上海建工集团	上海国资
2020年9月	中环集团	100%	TCL科技	民营企业
2020年12月	天津医药集团	67%	上海上实集团	上海国资

资料来源：联合资信评估。

A.7 案例七：亨通光电收购华为海洋

A.7.1 交易背景

1. 收购方

亨通光电成立于1993年，于2003年在上交所上市，成立初期主营光纤光缆生产销售业务，在全球市场份额长期保持前三名。2011年，亨通光电收购线缆和电缆资产，转型为光、电一体化的国际综合性线缆公司，投入智能电网、特高压及特种电缆等领域。2013年公司正式提出海洋战略，逐步进军海缆和海洋工程领域。

在海底光缆领域，亨通光电的优势体现在：其一，硬件及产能优势方面，亨通光电拥有独立港口，具有较大吃水深度和VCV立塔，海底光缆年产量达12 000千米，海缆存储、集成、检测平台配套齐全；其二，认证优势方面，自2015年海底光缆业务发展以来，亨通光电已通过了41项海缆全性能测试，斩获30张UJ/UQJ证书，成为目前国内UJ/UQJ证书组合最多、认证缆型最多的海缆厂家之一；其三，技术优势方面，亨通光电是国内具备集成能力的海缆厂家，同时与同济大学等高校合作。亨通光电成功交付世界最长单根318km海底光缆（马尔代夫项目），2017年5月，亨通光电顺利通过5 000米水深海缆系统国际海试，一举打破国外垄断，成为国际上少数掌握这一技术的厂商之一。

2. 标的方

全球从事海缆通信网络建设的企业主要为SubCom、Nokia/ASN、NEC和华为海洋。Subcom、ASN和NEC进入海缆通信领域的时间较早、具有先发优势，2008年前的海缆通信市场长期被上述三大巨头垄断。华为海洋2008年成立后开始进入该领域，凭借高可靠性、高性价比的海缆通信网络建设解决方案，以及快速服务响应能力，逐渐赢得客户信任，市场份额逐步增加。目前华为海洋是全球第四大海底光缆通信网络供应商，全球市场份额占比为10%~15%，业务分布于全球各个区域，也是国内唯一一家跨洋海底光缆系统建设与集成方案的提供商。

华为海洋业务主要通过其100%持股的天津华海来开展。华为海洋的定位为海缆通信网络建设解决方案提供商，其客户群体主要为世界各国家/地区的电信运营商、需要进行大容量数据传输的互联网企业，以及希望对海缆网络进行投资的企业。华为海洋的海缆通信网络建设业务，主要是提供新建海缆系统解决方案和已建海缆系统端站扩容解决方案。华为海洋目前具备了海底光缆、海底接驳盒、Repeater、Branching Units研发制造，及跨洋通信网络解决方案（桌面研究、网络规划、水下勘察与施工许可、光缆与设备生产、系统集成、海上安装沉放、维护与售后服务）的全产业链能力。

华为海洋的优势体现在两个方面：首先，华为海洋具备丰富的项目交付经验，这也是海底光缆业内最为看重的能力之一。截至2019年年末，华为海洋累计实现90个项目数量/50 361千米长度交付。华为海洋成功交付包括业界长距离（49千米）单跨无中继系统格陵兰项目；穿越强风海域、连接地球最南端城镇、施工条件严苛的FOA智利南部海缆项目；目前世界最长的100G链路之一（14 530千米）、全球最大直连非洲南部和欧洲的海缆系统WACS项目，其实现14个站点同时交付，割接零故障。其次，华为海洋具备强大的设计、研发和生产能力。华为海洋拥有充足面积、高等级的无尘室，能够支持中继器、分支器等重要水下产品的生产；华为海洋的海缆系统模拟测试中心能够支持长距离单链路光纤系统设计和验证以及大容量海缆系统综合仿真模拟测试。华为海洋具有各类创新型海底中继器、分支器的配套能力和先进可靠的海缆系统解决方案设计能力。凭借突出的项目经验和较高的技术壁垒，华为海洋2017和2018年的毛利率分别为30%和25.1%，净利率分别为14.8%和8.2%。

2008年，华为光网络业务发展迅猛，为了尽快做大华为的海底光通信市场，华为与有着150多年海上工程施工经验的英国全球海事系统有限公司合资成立华为海洋网络有限公司，其中，华为技术投资持股比例为51%，后者持股比例为49%。华为海洋注册、运营在天津，同时在北京、深圳和英国设有研发和生产基地。华为在海缆通信系统中，主要做光通信端站设备、中继放大设备、网络管理系统等，光纤从第三方外购，海上勘测、施工、维护等由全球海事系统有限公司承担，在全球先后开展了约90个海底光缆项目。

华为海洋系中英合资公司，华为拥有控制权。华为技术投资在2018年8月1日与全球海事系统有限公司签署了修订的合资协议。此前双方约定，华为海洋经营活动相关的重大事项须经其股东会以及双方股东的一致同意方可通过。而修订后的协议不可撤销地授权华为海洋董事会决策与华为海洋经营活动相关的重大事项。

A.7.2 交易目的

1.收购方

收购前夕，亨通光电的业务进展不佳（详见表 A-25）。在 2019 年半年报中，亨通光电称，2018 年我国光纤宽带入网和 4G 移动通信基站的建设基本完成，2019年上半年 5G 建设尚未大规模启动，在还没有产生大量的新建光纤网络市场需求的情况下，三大运营商调整缩减了固网建设的资本开支，2019 年上半年光纤集采价格大幅下降，导致亨通光电通信网络业务营业收入和利润大幅下降。因此，面对光纤光缆板块压力，亨通光电结合自身优势与资源禀赋，积极寻求第二成长曲线。与此同时，尽管亨通光电能源互联业务业绩增长较快，但其净利润率低于通信网络业务，导致 2019 年上半年净利润大幅下降。

表 A-25 收购前亨通光电财务表现

	2017 年中报	2017 年三季	2018 年中报	2018 年三季	2019 年中报	2019 年三季
营业收入（亿元）	114.13	190.23	152.72	241.06	154.12	246.00
同比增速（%）	41.81	41.40	33.81	26.72	0.92	2.05
净利润（亿元）	8.41	17.80	12.15	21.76	7.09	11.39
同比增速（%）	68.90	46.95	44.49	22.26	(41.69)	(47.64)
经营活动产生的现金流量净额（亿元）	(7.51)	(14.75)	0.52	3.51	(11.64)	(10.88)

资料来源：Choice。

2019 年前三季度，亨通光电实现营业收入 246 亿元，同比增长 2.05%；净利润11.39 亿元，同比减少 47.64%，虽然收入规模增长不少，但是盈利能力下滑明显；公司的现金流情况也令人担忧，亨通光电的经营活动产生的现金流量净额为 -10.88亿元，相较上年同期减少 409.82%；此外，亨通光电资产负债率高达 64.79%，短期借款也高达 93.23 亿元，公司的偿债能力也面临考验。

除了提升盈利能力，对于亨通光电而言，本次交易的另一关键原因是，标的公司华为海洋具有亨通光电暂时不具备的海洋海缆系统建设能力。华为海洋主要从事全球海缆通信网络的建设，为客户提供产品技术解决方案和包括项目管理、工程实施和技术支持于一体的端到端服务，是一家海缆通信网络建设解决方案提供商。亨通光电通过并购华为海洋，将在亨通光电原有海缆研发制造、海底通信网络运营、海洋电力工程施工的基础上，新增全球海缆通信网络建设业务，帮助亨通光电完善海洋产业布局，打通上下游产业链，推动其在海洋产业领域从"产品供应商"向产品-系统集成-整体解决方案的"全价值链集成服务商"的转型，实现海洋产业从海光缆海电缆产品、服务提供向系统集成服务和EPC总包的纵向一体化发展，跻身全球海缆市场第一梯队，具有重大的战略意义。

2. 标的方

随着中美贸易摩擦的升级，美国发起了全球抵制华为海缆的行动，在此背景下，华为海洋的发展受到较大影响。加之，海底光缆通信细分市场规模相对较小，海缆通信并非华为的核心业务，华为海洋对华为的业绩贡献有限。华为2018年年报显示，华为公司2018年的销售收入为7 212亿元，华为海洋为华为贡献的收入为3.94亿元，净利润为1.15亿元，占华为全年总销售收入的0.054%。受限于细分市场的有限空间及国际政治经济环境，华为海洋后续的发展面临较大的不确定性，其股东华为产生出售意愿。

3. 协同效应

在本次收购方案出台前，亨通光电已经和华为海洋建立了合作基础。亨通光电全资子公司江苏亨通海洋从2018年开始进入其前五大供应商行列，2018年和2019年上半年，华为海洋向江苏亨通海洋的采购金额分别为2.58亿元、8 380.87万元，占当期营业成本的18.94%、18.98%，为2018年和2019年上半年的第一、第二大供应商。

在海缆通信网络领域，华为海洋和亨通光电业务彼此互补，存在上下游关系，华为海洋的业务方向符合亨通光电的发展战略。本次交易对于双方而言，具有较强的协同效应，体现在：其一，可以帮助亨通光电获得华为海洋积累了10余年的海缆建设经验和产业链资源。亨通光电目前的海缆制造业务能够与华为海洋承接的各类国际海缆建设项目进行全面配套，华为海洋稳定的项目来源能够进一步提升亨通光电的海缆制造业务规模；其二，华为海洋参与的部分项目技术难度大，对光缆的容量和稳定性等要求高，亨通光电子公司海洋光网通过与华为海洋在这类项目上的深入全方位合作，有助于打磨和提升亨通光电海缆产品的质量和市场竞争力；其三，亨通光电也可以充分利用自身良好的客户资源以及近年来在国际化进程中获得的海外市场资源，协助华为海洋进一步拓展和争取更多的国际海缆市场份额。

A.7.3 交易方案

1.交易结构

2020年1月8日，江苏亨通光电股份有限公司披露《发行股份及支付现金购买资产暨关联交易报告书》，拟购买华为技术投资有限公司（简称"华为技术"）持有的华为海洋网络（香港）有限公司（简称"华为海洋"）51%的股权，交易价格为10.04亿元，其中，亨通光电向华为技术非公开发行4 764.13万股，本次发行股份价格为14.75元/股，另向华为技术支付现金3.01亿元。华为海洋股权结构与控制关系见图A-18。本次交易完成后，华为海洋将成为亨通光电持股51%的控股子公司，华为技术也成为亨通光电的股东，持股比例为2.44%。本次交易不构成重大资产重组，也不构成重组上市。

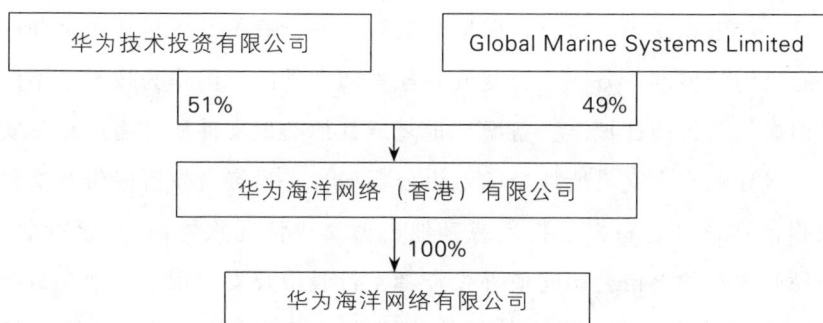

图A-18 华为海洋股权结构与控制关系

资料来源：上市公司公告。

标的公司华为海洋是华为技术投资有限公司与全球海事系统有限公司（Global Marine Systems Limited）于2008年1月联合成立的合资公司，华为技术持股51%，全球海事系统有限公司持股49%。华为海洋于2008年11月26日在天津成立全资子公司华为海洋网络有限公司（简称"天津华海"），华为海洋的业务主要通过天津华海开展。天津华海是一家海缆通信网络建设解决方案提供商，为客户提供产品技术解决方案和包括项目管理、工程实施和技术支持于一体的端到端服务。

华为海洋的外资股东全球海事系统有限公司是一家英国公司，是英国全球海事集团公司的全资控股子公司。在向亨通光电出售华为海洋股权之前，全球海事集团公司的控股股东为美国HC2控股公司（HC2 Holdings，Inc.），其持股比例为73%，另外荷兰Furgo公司持有全球海事集团公司23.6%的股权。

根据亨通光电公告，为推进此交易，全球海事系统有限公司将其持有的华为海洋49%股权先转让给同为全球海事集团公司旗下的New Saxon。亨通集团指定的香港子公司以支付现金方式购买New Saxon持有的华为海洋30%股权。New Saxon仍持有华为海洋19%股权，并有权在交易完成2年后的6个月内按约定的交易价格将华为海洋19%股权出售给亨通集团指定的香港子公司。

2.支付方式

根据亨通光电公告，为推进此交易，交易双方约定，发生下列任一事件，华为技术有权要求上市公司以现金方式全额支付本次交易的交易对价：

（1）为保持标的公司业务和团队稳定，快速推进本次交易，本次交易在2020年1月31日之前未能获得上市公司向境外投资者发行股份及支付现金事项所需的全部相关政府机构的核准、备案、批复或其他类似文件的（因华为技术拒不配合向相关政府机构提供获得前述核准、备案、批复或其他类似文件所必需的相关实质性材料且因此直接导致本次交易所涉及的上市公司向境外投资者发行股份及支付现金事项无法获得前述核准、备案、批复或其他类似文件情况除外）；尽管有前述约定，如本次交易所涉及的上市公司向境外投资者发行股份及支付现金事项在2020年1月31日之前已获得除中国证监会以外的其他相关政府机构的核准或备案且已经经过中国证监会并购重组审核委员会无条件审核通过（或有条件审核通过且该等条件在2020年1月31日前已经完全满足），则上述2020年1月31日的期限可延长至2020年2月29日。

（2）本次交易完成前，上市公司发生违反《购买资产协议》第 11.1 款①所述声明与保证事项。

（3）其他双方同意以现金方式全额支付本次交易对价的情形。

3.估值定价

根据东洲评估出具的《资产评估报告》，东洲评估采用资产基础法和收益法对标的公司股东全部权益进行评估。经评估，截至本次评估基准日 2019 年 6 月 30 日，经资产基础法评估的华为海洋股东全部权益的评估价值为 80 268.36 万元，经收益法评估的华为海洋股东全部权益的评估价值为 197 000.00 万元。两种评估方法的评估结果差异为 116 731.64 万元，差异率为 59.25%。

资产基础法和收益法评估结果出现差异的主要原因是：（1）资产基础法是以资产的重置成本为价值标准，反映的是资产投入（购建成本）所耗费的社会必要劳动，这种购建成本通常将随着国民经济的变化而变化。（2）收益法是以资产的预期收益为价值标准，反映的是资产的经营能力（获利能力），这种获利能力通常受到宏观经济、政府控制以及资产的有效使用等多种条件的影响。上述原因造成两种评估方法产生差异。

企业的主要价值除了固定资产、营运资金等有形资源之外，还应包含技术及研发团队优势、服务能力、管理优势等重要的无形资源的贡献。而资产基础法仅对各单项有形资产和可确指的无形资产进行了评估，不能完全体现各个单项资产组合对整个公司的贡献，也不能完全衡量各单项资产间的互相匹配和有机组合因素可能产

---

① 《购买资产协议》第 11.1 款：自本协议签署日至本次交易完成日，甲方（指亨通光电）向乙方（指华为技术）的声明与保证如下：11.1.1 甲方系依法设立且合法有效存续的在上海证券交易所挂牌上市的股份有限公司，具有签署及履行本协议的主体资格；11.1.2 甲方签署本协议或履行其在本协议项下的义务不违反其公司章程，不违反其订立的任何其他协议，亦不会违反法律、法规以及政府命令的禁止性规定；11.1.3 甲方承诺，自本协议签署日起至本次交易完成之日止，如发生任何情况导致（或预期可能导致）其在本协议中做出的声明与保证不真实或不准确，或者甲方知晓或应当知晓已经发生的导致（或经合理预期可能导致）对本次交易产生重大不利影响的事件，则应立即向乙方披露该等情况；11.1.4 甲方承诺，其已经并将继续严格按照法律法规以及相关规范性文件的要求履行信息披露、保护中小投资者利益等法定义务，并保证本次交易完成前不会发生因甲方或其关联主体故意或重大过失导致对甲方股票价格或甲方或其重要控股子公司（重要控股子公司指该控股子公司最近一年经审计的营业收入占甲方最近一年经审计的合并财务会计报告营业收入的 5% 以上或该控股子公司最近一年经审计的净利润占甲方最近一年经审计的合并财务会计报告净利润的 5% 以上）运营产生重大不利影响的情形或事件。

生的整体效应。而公司整体收益能力是企业所有环境因素和内部条件共同作用的结果。由于收益法价值包括企业不可辨认的所有无形资产，所以评估结果比资产基础法高。鉴于收益法评估方法能够更加客观、合理地反映评估对象的内在价值，故以收益法的结果作为最终评估结论，即华为海洋的股东全部权益价值为197 000万元。截至2019年6月30日，华为海洋股东权益账面值（母公司报表）为32 470.89万元，本次评估增值164 529.11万元，增值率为506.70%。

4. 审核情况

按照中国证监会《关于并购重组"小额快速"审核适用的相关问题与解答》（2018年10月）的要求，本次交易符合"小额快速"审核条件，可适用"小额快速"审核程序，具体情况如下：（1）本次交易未达到《上市公司重大资产重组管理办法》规定的重大资产重组标准，不构成上市公司重大资产重组。（2）最近12个月内累计发行的股份不超过本次交易前上市公司总股本的5%且最近12个月内累计交易金额不超过10亿元。（3）上市公司本次交易无募集配套资金，并且按照"分道制"分类结果不属于"审慎"审核类别，因此不属于"小额快速"审核的禁止情形。

A.7.4 链接：政策背景

2013年，证监会开始推行并购重组"分道制"审核，按照"先分后合、一票否决、差别审核"原则，由证券交易所和证监局、证券业协会、财务顾问分别对上市公司合规情况、中介机构执业能力、产业政策及交易类型三个分项进行评价，之后根据分项评价的汇总结果，将并购重组申请分别划入"豁免/快速""正常""审慎"三条审核通道，实行"扶优限劣"。进入"豁免/快速"通道的重组项目，不涉及发行股份的，实行豁免审核，由中国证监会直接核准；涉及发行股份的，实行快速审核，取消预审环节，直接提请并购重组委审议。并购重组审核分道制是指中国证监会对上市公司重大资产重组（含发行股份购买资产、重大资产购买或出售、合并分立等）行政许可申请审核时，根据上市公司信息披露和规范运作状况、财务顾问执业能力以及中介机构及经办人员的诚信记录，结合国家产业政策和交易类型[1]，对

---

① 根据上述分项评价信息，最终评价结果实行一票否决制，即当所有分项评价均为"豁免/快速"审核类时，项目进入"豁免/快速"审核通道，分项评价结果之一为"审慎"审核时，项目进入"审慎"审核通道，其余项目为"正常"审核通道。

符合标准的并购重组申请，有条件地淡化行政审核和减少审核环节，实行差异化审核制度安排。其中，根据《国务院关于促进企业兼并重组的意见》和工信部等12部委《关于加快推进重点行业企业兼并重组的指导意见》，并购重组涉及的行业属于汽车、钢铁、水泥、船舶、电解铝、稀土、电子信息、医药、农业产业化9大行业，且交易类型为上市公司同行业或上下游并购的，列入"豁免/快速"审核类，但构成借壳上市的除外。

2018年10月，证监会发布《关于并购重组审核分道制"豁免/快速通道"产业政策要求的相关问题与解答》，进一步新增并购重组审核分道制"豁免/快速通道"产业类型：新增"高档数控机床和机器人、航空航天装备、海洋工程装备及高技术船舶、先进轨道交通装备、电力装备、新一代信息技术、新材料、环保、新能源、生物产业；党中央、国务院要求的其他亟需加快整合、转型升级的产业"等作为并购重组审核分道制"豁免/快速通道"产业类型。

2018年10月，证监会发布《关于并购重组"小额快速"审核适用情形的相关问题与解答》，细化规定"小额快速"重组审核机制的适用情形，对上市公司发行股份购买资产，不属于"分道制"中"审慎"审核类别，且不构成重大资产重组，且满足下列情形之一的交易，实行"小额快速"安排，即证监会受理后直接由并购重组委审议，减少了预审、反馈等环节，压缩了审核时间，加快了并购重组审核速度。并购重组"小额快速"审核的适用情形包括（满足其一即适用）：（1）最近12个月累计交易金额不超过5亿元；（2）最近12个月累计发行股份不超过本次交易前总股本的5%，且最近12个月累计交易金额不超过10亿元。此外，不适用"小额快速"审核的并购重组交易包括（满足任意一条即不适用）：（1）募集配套资金支付交易现金对价的，或者募集配套资金超过5 000万元；（2）按照"分道制"分类结果属于"审慎"审核类别的。

根据《上市公司重大资产重组管理办法》等文件的规定，以现金方式支付的并购重组交易不需要经证监会审核，因此过去一部分上市公司为加快并购重组速度，愿意选择使用全现金方式完成金额相对较小的并购重组交易。2018年以来，随着经济下行压力加大，企业现金流普遍吃紧，上市公司在并购支付方式上所面临的约束一定程度上降低了其实施并购的意愿。在此背景之下，证监会推出"小额快速"并购重组审核机制使得股权收购成为同样高效的支付方式，这有助于鼓励企业考虑通过股权收购方式进行并购交易，缓解上市公司小额并购的现金压力。

2023年2月，在全面注册制推行的背景下，证监会及交易所发布了"重组办法及配套规则征求意见稿"，进一步明确和规范上市公司重大资产重组审核规则，各板块并购重组快速审核机制得以统一，创业板及科创板试点的小额快速审核机制同步推广至主板。重点内容包括两方面：其一，由证券交易所对上市公司重大资产重组进行自律管理，并且上市公司拟实施涉及发行股份的重组，由证券交易所审核并决定报中国证监会注册或终止审核，中国证监会在十五个工作日的注册期限内，基于证券交易所的审核意见依法履行注册程序，并做出予以注册或不予注册的决定。中国证监会针对注册程序中发现的影响重组条件的新增事项，可以要求证券交易所问询并审核。其二，明确快速审核机制及小额快速审核机制的适用标准，对于符合快速审核机制条件的重组申请，可以减少问询轮次和问询数量，优化审核内容，提高审核效率；对于符合小额快速审核机制条件的重组申请，交易所重组审核机构不再进行审核问询，可直接出具审核报告，提交并购重组委审议（详见表A-26）。

表A-26 快速审核机制和小额快速审核机制适用情况

项目	快速审核机制	小额快速审核机制
适用情况	对符合下列条件的发行股份购买资产申请，可以减少问询轮次和问题数量，优化审核内容，提高审核效率：（1）交易所及上市公司所属证监局对上市公司信息披露和规范运作的评价以及中国证券业协会对独立财务顾问执业质量的评价结果均为A类；（2）本次交易符合国家产业政策；（3）交易类型属于同行业或者上下游并购，不构成重组上市	上市公司发行股份购买资产，符合下列情形之一的，适用小额快速审核机制（积极条件）：（1）最近12个月内累计交易金额不超过5亿元；（2）最近12个月内累计发行的股份不超过本次交易前上市公司股份总数的5%且最近12个月内累计交易金额不超过10亿元
		上市公司发行股份购买资产，符合下列情形之一的，不适用小额快速审核机制（消极条件）：（1）上市公司或者其控股股东、实际控制人最近12个月内收到中国证监会行政处罚或者交易所公开谴责，或者存在其他重大失信行为；（2）独立财务顾问、证券服务机构或者其相关人员最近12个月内受到中国证监会行政处罚或者交易所纪律处分
		创业板及科创板具有以下情形之一的，不适用小额快速审核机制：（1）上市公司发行股份购买资产，同时募集配套资金用于支付本次交易对价，或者募集配套资金金额超过5 000万元的；（2）本次交易构成重大资产重组

资料来源：海问律师事务所。

A.8　案例八：雅克科技收购 UP Chemical

A.8.1　交易背景

1.收购方

江苏雅克科技股份有限公司成立于1997年，2010年5月在深圳证券交易所中小板上市，前身是成立于1997年的宜兴雅克化工，主要从事阻燃剂业务，后以内生外延战略转型为半导体材料平台龙头，现已形成以电子材料业务为核心、以LNG保温绝热板材业务为补充的业务格局，成功转型为国内半导体材料平台龙头，是国家大基金参股的首家半导体材料公司。雅克科技主要业务经营实体情况见表A-27。

表 A-27　　　　　　　　雅克科技主要业务经营实体情况

产品和业务	经营实体	雅克科技持股比例	2021年上半年收入占比
前驱体/SOD	江苏先科（韩国 UP Chemical）	100%	20.48%
电子特气	成都科美特	100%	10.63%
光刻胶	江苏科特美（韩国 Cotem Co）	93.05%	31.53%
	韩国斯洋（韩国 LG CHEM）	100%	
球形硅微粉	浙江华飞电子	100%	5.51%
LDS 输送设备	雅克福瑞半导体	82.5%	3.02%
LNG 深冷保温板材	母公司	—	10.51%
阻燃剂	母公司	—	13.49%

资料来源：上市公司公告。

2.标的方

UP Chemical 公司成立于1998年，总部位于韩国京畿道平泽市，主要从事生产、销售高度专业化、高附加值的前驱体产品，是该领域全球领先的制造企业，其主要产品分为有机硅烷前驱体和有机金属前驱体。UP Chemical 公司长期专注于半导体材料前驱体这一细分领域，其在 Hi-K 等半导体材料领域占据全球领先地位。UP Chemical 代表着目前世界 IC 材料领域的先进水平，其产品广泛应用于 16 纳米、21 纳米、25 纳米等高端制程下 DRAM 以及先进的 3D NAND Flash 的制造工艺，与世界主要芯片厂商如 SK 海力士、三星电子，世界领先的 IC 设备厂商均建立了长期稳定的合作关系。

前驱体材料由海外企业寡头垄断，行业准入门槛高，国外企业深耕该领域已久，目前生产商基本为海外企业，如德国默克，法国液空，美国 Entegris、Strem Chemicals、City Chemical LLC，中国台湾 Nanmat Technology，韩国 Soul Brain、DNF 等，详见表 A-28。

表 A-28 全球前驱体行业主要企业

公司	国家和地区	主营业务	所处行业
默克	德国	医药、SOD、前驱体、高性能材料等	医疗、化工、电子
液空	法国	各类气体、前驱体	医疗、化工、电子
Nanmat Technology	中国台湾	前驱体及输送系统等	电子
Entegris	美国	气体输送系统、特种涂层、前驱体等	生命科学、电子、工业
Strem Chemicals	美国	实验室试剂、特色化学品、前驱体等	军事、航空航天、电子等
City Chemical LLC	美国	高纯度特种化学品、前驱体等	生命科学、电子等
Adeka Corporation	日本	CVD/ALD 前驱体、食物等	化工、食品
Soul Brain	韩国	前驱体、CMP 浆料、蚀刻剂	半导体、显示器
三星 SDI	韩国	前驱体、SOD	半导体
DNF	韩国	前驱体	半导体
Hansol Chemical	韩国	前驱体、过氧化氢和聚丙烯酰胺等	半导体、造纸、纺织
UP Chemical	韩国	前驱体、SOD	半导体

资料来源：中信建投证券。

A.8.2 交易目的

上市公司在确立以塑料助剂、电子材料和复合材料为发展核心后，继续通过外延并购完善电子材料产品线。雅克科技是中国领先的化工材料公司，全球最大的有机磷系阻燃剂生产制造商。本次交易通过外延并购切入半导体特气这一未来具有高增长潜力的行业，获得 UP Chemical 公司的成熟产品及技术，可丰富公司现有的电子材料产品线，快速弥补产业短板，为公司带来新的稳定而持续的利润增长点，进一步奠定雅克科技在半导体领域拓展的战略基础，填补中国半导体材料在前驱体领域的空白。

物联网和人工智能等新兴科技概念的兴起与发展，将持续增加对记忆以及非记忆芯片的需求，并将带动整个半导体行业及其上游材料行业持续高速发展。雅克科技通过参与江苏先科的对外投资，布局半导体材料这一未来具有高增长潜力的行业，将为雅克科技带来新的稳定而持续的利润增长点。

通过结合 UP Chemical 公司雄厚的产品研发制造经验以及更多的产品规划，雅克科技及江苏先科将积极建立与其核心客户 SK 海力士与三星电子的业务合作，持续加大 UP Chemical 公司围绕核心客户在研发、制造、供应链管理领域的投资，抓住 UP Chemical 公司稳定增长的市场机会，提升雅克科技的产品技术水平和持续盈利能力。

A.8.3 交易方案

1.交易结构

2016 年 8 月 26 日，江苏雅克科技股份有限公司第三届董事会第二十次会议审议通过了《关于公司与关联方共同投资的议案》《关于收购 UP Chemical 公司的议案》，同意公司使用自有资金与江苏华泰瑞联并购基金（有限合伙）、农银无锡股权投资基金企业（有限合伙）、农银（苏州）投资管理有限公司、江苏汔渡投资有限公司、苏州新区创新科技投资管理有限公司、苏州夷飔投资咨询合伙企业（普通合伙）共同对江苏先科半导体新材料有限公司（以下简称"江苏先科"）进行增资使其注册资本达到 100 000 万元，并由江苏先科的全资子公司 Shekoy Korea Semiconductor New Material Co., Ltd.（以下简称"韩国 SPV"）对外投资收购 UP Chemical 公司 96.28% 的股份。

2017 年 10 月 18 日，雅克科技发布重大资产重组公告称，公司拟以 20.74 元/股发行股份，向实控人家族成员等交易对手以 24.67 亿元收购科美特 90% 股权和江苏先科 84.83% 股权。交易后，雅克科技分别持科美特、江苏先科 90%、100% 股权，并通过江苏先科间接持有 UP Chemical 100% 股权。本次交易构成重大资产重组，本次交易不构成重组上市。

江苏先科主要通过全资境外子公司韩国先科间接持有 UP Chemical 的 100% 股权，公司主营业务亦通过下属实际经营主体 UP Chemical 开展，江苏先科系为收购 UP Chemical 的股份而设立的持股公司，除此之外江苏先科并无其他实际业务。交易前 UP Chemical 股权结构见图 A-19。

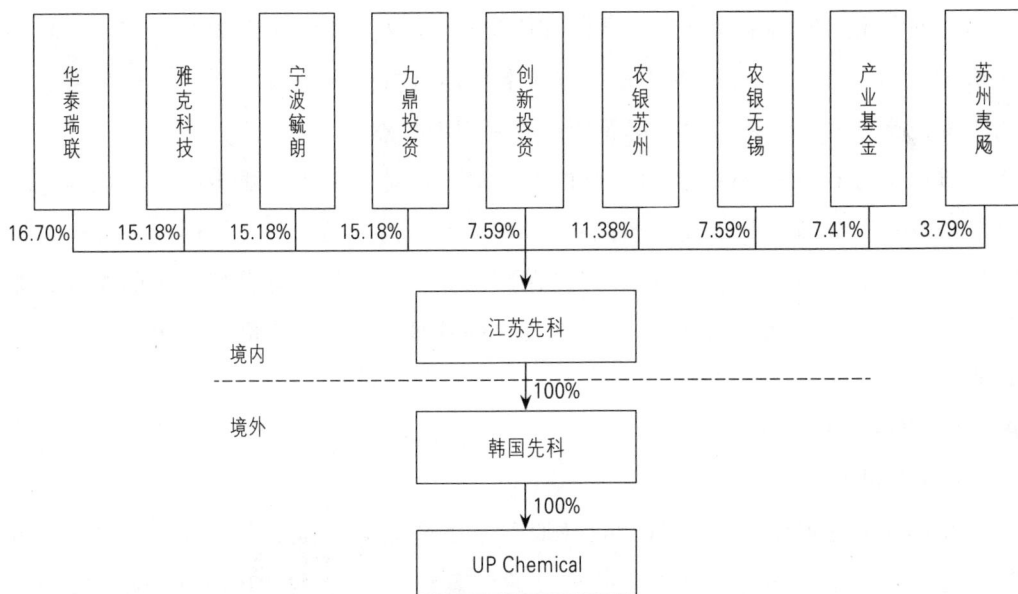

图 A-19　交易前 UP Chemical 股权结构图

资料来源：上市公司公告。

本次发行股份购买江苏先科股权不涉及盈利补偿安排。

2. 估值定价

本次评估对其孙公司 UP Chemical 股东全部权益价值分别采用资产基础法和收益法进行评估。UP Chemical 股东全部权益价值采用资产基础法的评估结果为 67 988 234 412.25 韩元，收益法的评估结果为 200 984 002 400.00 韩元，两者相差

132 995 767 987.75 韩元，差异率为 66.17%。

　　资产基础法是在持续经营基础上，以重置各项生产要素为假设前提，根据要素资产的具体情况采用适宜的方法分别评定估算企业各项要素资产的价值并累加求和，再扣减相关负债评估价值，得出资产基础法下股东全部权益的评估价值，反映的是企业基于现有资产的重置价值。由于资产基础法固有的特性，采用该方法是通过对被评估单位申报的资产及负债进行评估来确定企业的股东全部权益价值，而对企业未申报的客户资源、人力资源等无形资产或资源，由于难以对未来收益的贡献进行分割，故未对其单独进行评估，资产基础法评估结果未能涵盖企业的全部资产的价值，由此导致资产基础法与收益法两种方法下的评估结果产生差异。

　　收益法是从企业未来发展的角度，通过合理预测企业未来收益及其对应的风险，综合评估企业股东全部权益价值，在评估时，不仅考虑了各项资产是否在企业中得到合理和充分利用、组合在一起时是否发挥了其应有的贡献等因素对企业股东全部权益价值的影响，也考虑了企业人力资源、客户资源等资产基础法无法考虑的因素对股东全部权益价值的影响。采用收益法评估得到的价值是企业整体资产获利能力的量化，运用收益法评估能够真实反映企业整体资产的价值。收益法能够弥补资产基础法仅从各单项资产价值加和的角度进行评估而未能充分考虑企业整体资产所产生的整体获利能力的缺陷，避免了资产基础法低估效益好或有良好发展前景的企业价值或高估效益差或企业发展前景较差的企业价值的不足。以收益法得出的评估值更能科学合理地反映企业股东全部权益的价值。

　　因此，本次评估最终采用收益法评估结果 200 984 002 400.00 韩元作为 UP Chemical 股东全部权益的评估值。

A.8.4　链接：政策背景

　　2014 年 3 月，《国务院关于进一步优化企业兼并重组市场环境的意见》指出，"各类财务投资主体可以通过设立股权投资基金、创业投资基金、产业投资基金、并购基金等形式参与兼并重组"。2018 年 10 月，深圳证券交易所发文支持上市公司并购重组，指出"加快制度建设，研究修订完善股份回购制度配套规则，支持具备条件的上市公司依法合规回购股份，推进并购重组市场化改革，加大对产业整合、转型升级、海外兼并等交易的支持力度，鼓励产业并购基金及创新支付工具的运用，助力上市公司依托并购重组转型升级和高质量发展"。2023年2月17日修订的《上市公司重大资产重组管理办法》第十条也指出，"鼓励依法设立的并购基金、股权投资基金、创业投资基金、产业投资基金等投资机构参与上市公司并购重组"。

现阶段，我国并购基金的政策发展环境呈现如下趋势：

一是资本市场改革深化、注册制推出，利好并购基金行业发展。注册制下，企业上市发行条件更具包容性，上市周期更可预期，市场化发行定价机制给予潜力公司比核准制下更高的估值溢价，私募基金通过被投企业IPO退出的通道更加顺畅，提高了并购基金的退出效率，有利于行业资金的流动和配置。此外，退市机制改革，明确交易类强制退市、财务类强制退市、规范类强制退市、重大违法类强制退市四类退市条件，畅通了A股出口、弱化了上市公司的"壳"价值，倒逼处于衰退期的企业通过并购重组等手段转型升级，激发存量并购重组市场活力，并购基金行业迎来更多机会。中国证券投资基金业协会的问卷调查显示，31.97%的调研对象认为注册制的推出提高了项目的退出效率，增强资金流动和资源配置效率，利好并购基金的运营；19.44%的调研对象认为注册制激发了存量市场并购重组活力，16.11%的调研对象认为注册制下，重组、分拆决策、定价更市场化（详见图A-20）。

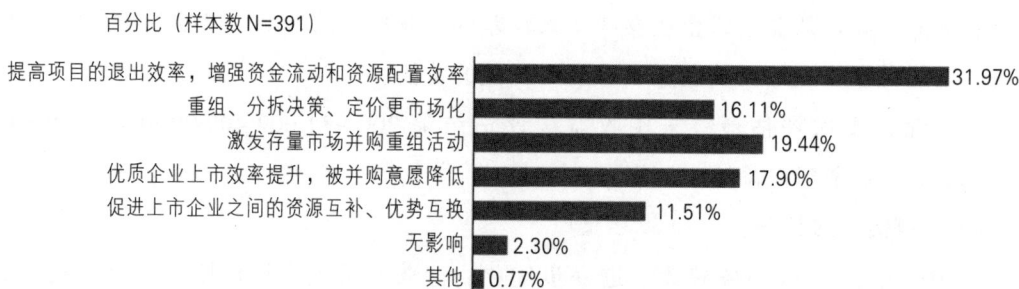

百分比（样本数N=391）

提高项目的退出效率，增强资金流动和资源配置效率	31.97%
重组、分拆决策、定价更市场化	16.11%
激发存量市场并购重组活动	19.44%
优质企业上市效率提升，被并购意愿降低	17.90%
促进上市企业之间的资源互补、优势互换	11.51%
无影响	2.30%
其他	0.77%

图A-20 注册制对并购基金的影响

资料来源：中关村大河并购重组研究院，中国证券投资基金业协会。

二是国有企业改革进一步深化，有助于并购基金行业发展壮大。2020年6月，《国企改革三年行动方案（2020—2022年）》审议通过，方案明确要积极稳妥推进混合所有制改革、健全市场化经营机制、形成以管资本为主的国有资产监管体制等。2020 年 9 月，《关于加强新时代民营经济统战工作的意见》印发，鼓励民营企业参与国企混改，扩大民间资本的投资范围，加大重点领域的投资。民企参与国企混改，可以吸引更多社会资本以及各种类型的市场主体参与我国产业结构优化和协同创新，在促进产业链、供应链、资金链更好融合发展的同时，也创造了更多大额并购机会。而在国资国企改革以管资本为主的思想指导下，并购基金有助于加快国资资本化进程、优化国资布局，提高国资流动性，并购基金行业在国企改革深化的背景下将迎来发展良机。

附录B：我国并购监管制度演进概述

我国上市公司并购重组监管主要依据《中华人民共和国证券法》（以下简称"《证券法》"）、《中华人民共和国公司法》（以下简称"《公司法》"），以及证监会制定的《上市公司收购管理办法》《上市公司重大资产重组管理办法》等法律法规。此外，国资委、国家市场监督管理总局下设的反垄断局等，对相关并购行为也会有一定监管。本章主要分析证监会主导制定的相关规则。

B.1 股权分置改革前并购监管制度概述

在我国资本市场成立初期，资本市场价值发现功能未充分发挥，以地方政府为主导的行政色彩浓厚的"挽救型"重组相对偏多，而优化资源配置和行业整合的重组相对较少。此外，由于"一股独大"等现象存在、交易双方地位不对等导致交易作价不尽合理，并购定价机制市场化程度不高，中小股东的利益难以得到保护。

在这个背景下，证监会按照"急用先行、逐步完善"的工作思路，于1998年12月发布《关于上市公司置换资产变更主营业务若干问题的通知》，对变更主营业务的情形严格审批，按照新公司IPO对待。

但是到了1999年，少数上市公司已经积聚退市风险，然而我国当时没有任何的退市经验可供借鉴，保护投资者利益和上市公司职工利益迫在眉睫。因此，通过并购重组尽可能挽救一些PT公司使其盈利并摆脱困境成为一条现实的、成本较低的可行途径。于是证监会于2000年6月发布了《关于规范上市公司重大购买或出售资产行为的通知》界定了"上市公司重大购买或出售资产的行为"，明确了50%的标准且一直沿用到现在；同时优化了监管制度，简化了监管程序，将事前证监会审批制更改为事后备案制，从而极大地活跃了绩差公司的资产重组。上市公司重大重组案件由2000年上半年的3件增加到2000年下半年的38件，ST深安达、PT北旅、ST渤化和PT红光等均通过重组获得了新生。

虽然重组对促进资源优化配置、提高上市公司的总体质量起到了积极作用，但同时也暴露出许多问题。例如，上市公司不按规定及时向监管部门报送备案材料，或在股东大会审议结束后才报送材料，有些公司甚至不报送材料。公司的规避监管行为导致证监会无法及时发现其重组中存在的问题。此外，由于一股独大，市场上存在大股东操纵上市公司经营、占用上市公司巨额资金，最后再通过重组形式以劣质资产抵偿占用的资金，或用破产形式逃避还款义务的现象。例如，猴王股份的控股股东猴王集团就通过这种方式侵占资金约 10 亿元。同时，重组中内部交易和信息披露滞后等现象也十分常见，很多上市公司股价在重组事项发布前就出现异动，例如中科创业、亿安科技等。

因此，2001 年 12 月证监会发布《关于上市公司重大购买、出售、置换资产若干问题的通知》，修正了重大资产重组的概念，明确了上市公司重大资产重组的原则，要求保证上市公司与实控人之间人员独立、资产完整、财务独立等；并明确了上市公司重大资产重组的流程，由事后备案制改为事中审批备案制，只有当证监会对重大资产重组的相关报备材料无异议时，董事会方可发出召开股东大会的通知。这样，既保证了信息披露的及时性，减少证监会成为内幕人士的风险，又对重组中的不当行为形成制约，保证证监会对上市公司重组进行有效的监管。

2002 年 9 月，证监会首次发布了《上市公司收购管理办法》，通过规范和调整监管部门、中介机构、股东、收购人等各方当事人在上市公司收购中的关系，建立市场化的监管机制。这个办法明确了监管部门不对收购的条件及实质性内容做出判断，只有出现违反证券法规或业内规则，或收购行为有可能危害社会公共利益时才行使有关的行政干预权，还制定了协议收购规则、要约收购规则等。

该办法强化了信息披露义务，提高了上市公司控制权变更的透明度，明确了不同收购方式下的收购程序，规范了收购人与出让人的行为，为维护证券市场秩序，保护上市公司和股东的合法权益发挥了重要的作用。但随着时间的推移，该办法在执行中遇到了一些新的问题，比如市场化程度和市场效率有待进一步提高；一些收购人缺乏实力，利用收购题材进行内幕交易；还有个别不诚信的收购人把上市公司当做"提款机"，借收购之机行掏空之实，严重侵害了上市公司和投资者的合法权益，影响了证券市场的公信力。随着 2005 年《公司法》《证券法》的修订出台，证监会于 2006 年 5 月修订了《上市公司收购管理办法》。

这次修订充分体现了鼓励上市公司收购的立法精神，主要变化有：首先，将原来的强制性全面要约收购制度调整为强制性要约机制。收购人可以自行选择向公司所有股东发出收购其全部股份的全面要约，也可以通过主动的部分要约方式谋取公司控制权，并且为收购人增加了以证券支付收购价款的收购方式，从而大大降低收购成本，减少收购人规避动机，避免复杂的审批程序，有利于活跃上市公司收购活动。其次，转变监管方式。基于重要性原则，根据持股比例的不同采取不同的监管方式①，充分发挥财务顾问对收购人事前把关、事后持续督导的把关作用，简化证监会审核程序、提高市场效率。

B.2 核准制下并购监管制度的改革概述

随着股权分置改革临近完成和全流通时代的到来，上市公司及各方投资者之间的利益博弈机制发生了根本性的变化，上市公司并购重组的动力越来越大，方式不断创新，数量迅速增多。2006年以来，上市公司并购重组的支付手段发生了重大变化，除了传统的现金购买和实物资产置换外，以发行股份作为支付方式向特定对象购买资产的重组案例大量出现。这种重组方式为上市公司利用证券市场做大、做强提供了新的途径，成为推动资本市场结构性调整的一种重要手段。但新的变化也势必产生新的问题，为更好地规范和引导并购重组创新活动，证监会于2008年4月颁布《上市公司重大资产重组管理办法》。这是重组办法首次发布，将上市公司重大资产重组的标准和流程体系化、制度化。

2008年8月，上证综指跌至2500点左右，为适当增加控股股东增持股份的灵活性，证监会修改了《上市公司收购管理办法》第六十三条，将持股30%以上大股东一年内在二级市场2%以内的增持从事前核准修改为事后报备，鼓励大股东增持。在政策鼓励下，有研硅股、新兴铸管、中煤能源、招商地产、中国联通、中国远洋等多家公司的大股东纷纷增持；据统计，从2008年8月28日到12月19日，沪深两市共有154家上市公司发布增持公告，其中大股东增持的有132家。在多方努力下，上证综指自10月开始反弹。

① 未达到30%的控制权变化，事后监管，财务顾问发挥积极作用；超过30%的控制权变化，证监会审核，必须请财务顾问。

为应对国际金融危机对我国经济带来的冲击和影响，2010年8月，国务院发布《关于促进企业兼并重组的意见》，以推动我国产业结构调整和经济发展方式转变。为了有效发挥资本市场功能，规范、引导借壳上市，完善发行股份购买资产的制度规定，支持促进并购重组，更好服务国民经济的总体要求，证监会于2011年6月修订了《上市公司重大资产重组管理办法》。

本次修订首次明确了"借壳上市"的标准，即自控制权发生变更之日起上市公司向收购人购买的资产总额占上市公司最近一个会计年度合并资产总额100%以上即构成借壳；同时，进一步要求拟借壳实体须持续经营3年以上，最近两个会计年度盈利且累计超过2 000万元。这样的标准与当时IPO"最近三个会计年度净利润为正数且累计超过3 000万元"的标准已经十分接近。借壳上市难度加大，基本切断了一些规模偏小、盈利能力很差的企业通过买壳跻身上市公司之列这条捷径，市场上炒壳的热度降低。例如，在2011年年末A股整体下跌的行情中，ST板块上市公司股价整体下跌18.97%，*ST公司则整体下跌14.6%，跌幅高于A股整体7.07%的幅度。

这次修订的另一个重点是明确上市公司重大资产重组可同时配套融资；并购重组与配套资金募集可以同步操作，实现一次受理，一次核准；这有利于上市公司拓宽兼并重组融资渠道，有利于减少并购重组审核环节，有利于提高并购重组的市场效率。规则利好下，重大资产重组开始活跃，2012年就有67家公司完成重大资产重组，比2011年的35家增加91.4%；2013年更是有133家公司完成重大资产重组。

2014年3月，国务院发布《关于进一步优化企业兼并重组市场环境的意见》，进一步强调要营造良好的市场环境，发挥资本市场作用。2014年5月，国务院发布《关于进一步促进资本市场健康发展的若干意见》，要求充分发挥资本市场在企业并购重组过程中的主渠道作用。为落实国务院文件要求，证监会结合对实践需求和市场各方意见的分析研究，对《上市公司收购管理办法》《上市公司重大资产重组管理办法》进行了大幅修订并于2014年10月颁布。

此次修订后的《上市公司收购管理办法》兼顾效率与公平，取消要约收购行政许可；丰富要约收购履约保证制度，强化财务顾问责任；简化两种豁免情形的审批，提高审核效率；增加两项自动豁免情形，适应市场发展需要；简化报送要求，部分取消向派出机构报送材料的要求；强化事中事后监管，加大处罚力度。

而修订后的《上市公司重大资产重组管理办法》取消了除借壳上市以外的重大资产重组行政审批，将借壳视作IPO监管；发行定价区间拓宽为可在董事会决议公告日前20、60或120个交易日的均价任选其一，并允许打9折；取消向非关联第三方发行股份购买资产的门槛限制和相关盈利补偿要求；增加了更多并购支付和融资工具——支持采用可转换债券、定向权证；明确对借壳上市执行与IPO审核等同的标准，重申创业板不允许借壳上市。

这次修订，界定了"发行股份购买资产"和"重大资产重组"的区别；明确了"借壳上市"审核标准与IPO相同；不涉及借壳上市的现金收购无须证监会审核，加快了相关资产重组的审批速度。2015年4月修订的《证券期货法律法规适用意见第12号》将募集配套资金比例从25%扩大至不超过拟购买资产交易价格的100%。

得益于改革的红利和政策的支撑，我国并购市场在相关配套政策支持下，无论是并购规模还是数量均在2015年呈爆发式增长。据统计，2015年我国并购市场共发生交易5 271宗，同比增长48.64%；交易金额达21 810亿元人民币，同比增长120.88%。

然而火热的并购中，也暴露出忽悠式重组、借壳上市"高烧不退"、通过重组募集配套资金为标的公司"补血"等乱象。频繁的收购成为上市公司"购买增长"的途径，中小板和创业板90%利润贡献来自外延式增长。随着上市公司（特别是创业板及中小板公司）兼并收购规模显著增长，企业资产负债表上的商誉大幅增加。2015年年报显示，中小板及创业板非金融企业商誉占净资产比例分别达到7%及14%，远远超过主板非金融企业2%左右的比例；从行业看，传媒互联网、信息服务行业商誉占净资产比例已经接近20%；从公司看，蓝色光标、南京新百、万好万家、四川圣达、江苏宏宝、誉衡药业、恒天天鹅等公司的商誉占净资产的比例均超过了100%。

这些并购风险的聚集直接导致证监会在2016年9月第三次修订《上市公司重大资产重组管理办法》。此次修订给"借壳上市"戴上数重"紧箍咒"。其一，认定标准在资产总额指标基础上增加资产净额、营业收入、净利润、股份4个指标。其二，明确控制权变更的判断标准要从股本比例、董事会构成、管理层控制三个维度进行定义。其三，取消借壳上市的配套融资。其四，延长股东限售期，对新进入的非控股股东限售期从12个月延长至24个月，新进入的控股股东则为36个月。不过，此次修订也将借壳上市认定期限从"上市公司自控制权发生变更之日起"变更为"上市公司自控制权发生变更之日起的60个月内"，一定程度上降低了企业触发"借壳上市"的可能性。受此规定影响，以及IPO增速促使优质非上市公司分流，2016年A股共发生以借壳为目的的重大资产重组27起，该数量仅为上一年的1/3，同时也是2013年以来的新低；其中，有21起发生于上半年，占比77.78%。

2017年2月《上市公司非公开发行股票实施细则》的修订和5月《上市公司股东、董监高减持股份若干规定》的发布，进一步压缩了定增操作空间，并购市场交易热度锐减。监管趋严下，并购重组继续降温，并购重组数量进一步下降。2017年并购重组审核总数为173家，通过161家；2018年并购重组审核总数为140家，通过123家；而这一数据在2016年分别为275家和251家。

B.3 注册制试点后并购监管制度概述

到2019年，借重组上市"炒壳""囤壳"之风已得到抑制；而在当时的经济形势下，一些公司经营困难、业绩下滑，需要通过并购重组吐故纳新、提升质量。证监会于2019年10月再次修订了《上市公司重大资产重组管理办法》。修订内容主要包括如下五个方面：其一，取消借壳上市"净利润"指标，但保留了净资产指标；其二，将"累计首次原则"计算期间由60个月缩短至36个月；其三，有限度放开创业板借壳上市，允许部分符合条件的创业板公司借壳上市[①]；其四，恢复借壳上市配套融资，重点引导社会资金向具有自主创新能力的高科技企业集聚；其五，加强对业绩补偿协议和承诺的监管力度，对于交易对方超期未履行或者违反业绩补偿协议、承诺的，证监会将责令其改正，并可以采取监管谈话、出具警示函、责令公开说明、认定为不适当人选等监管措施。政策松绑后，并购重组市场又开始活跃，据统计，2019年第四季度共有48起并购重组项目接受证监会审核，占全年项目数的38.7%。

2019年12月，新《证券法》审议通过，自2020年3月1日起施行。为做好新

---

① 为积极支持深圳建设中国特色社会主义先行示范区，2019年修订版允许符合国家战略的高新技术产业和战略性新兴产业资产在创业板借壳上市。除符合产业定位以外，创业板借壳还需要满足两个条件：一是收购标的应当是股份公司或者有限公司；二是收购标的应符合创业板首次公开发行条件。

《证券法》的贯彻落实工作，证监会对《上市公司收购管理办法》《上市公司重大资产重组管理办法》再次进行修订。《上市公司收购管理办法》的修订主要包括：明确要约收购豁免行政许可取消后的监管安排；增加持股5%以上股东的持股变动达到1%时的信息披露要求；明确超比例增持的股份在一定期限内不得行使表决权；简式权益变动报告书增加披露增持资金的来源以及在上市公司中拥有权益的股份变动的时间及方式等要求；延长上市公司收购中收购人所持股份的锁定期，收购完成后的锁定期由12个月延长至18个月。《上市公司重大资产重组管理办法》也为了适应新《证券法》对部分条款作了相应修改。

B.4 全面注册制启动后并购监管制度概述

2018年11月，习近平总书记在首届中国国际进口博览会开幕式上宣布在上交所设立科创板并试点注册制，2019年7月科创板开板，2020年8月创业板试点注册制，2021年11月北交所试点注册制。经过4年的试点，资本市场服务实体经济特别是科技创新的功能作用明显提升，制度法规建设取得重大突破，发行人、中介机构合规诚信意识逐步增强，市场优胜劣汰机制更趋完善，市场结构和生态显著优化，具备了向全市场推广的条件。2023年2月，党中央、国务院批准《全面实行股票发行注册制总体实施方案》，证监会就主要制度规则公开征求意见，全面注册制改革正式启动。全面注册制改革修订的涉及并购重组的法律法规主要包括：《上市公司重大资产重组管理办法（修订草案征求意见稿）》《上海证券交易所上市公司重大资产重组审核规则（征求意见稿）》《深圳证券交易所上市公司重大资产重组审核规则（征求意见稿）》《公开发行证券的公司信息披露内容与格式准则第26号——上市公司重大资产重组（修订草案征求意见稿）》等。相较于现行上市公司重大资产重组的相关规则，重组全套规则征求意见稿的核心修订内容主要包括四个方面：明确重大资产重组审核和注册流程；完善重大资产重组认定标准和定价机制；优化重大资产重组信息披露要求；中介机构责任。证监会与沪深证券交易所以信息披露为核心的注册制理念，完善和重构了并购重组的各层级制度体系，提高了上市公司并购重组的自主性和便利度，对于推动上市公司做强主业、提升质量将发挥积极作用。

全面注册制下《上市公司重大资产重组管理办法》的主要修订情况体现在：一

是审核程序上，根据注册制明确重组审核和注册流程。二是调整重大资产重组认定标准，在"购买、出售的资产在最近一个会计年度所产生的营业收入占上市公司同期经审计的合并财务会计报告营业收入的比例达到百分之五十以上"指标中，增加"且超过五千万元人民币"的要求。三是完善定价机制，上市公司为购买资产所发行股份的底价从不低于市场参考价的 90% 调整为 80%。四是强调交易标的的整合管控安排，在重组报告书及独立财务顾问意见中，增加上市公司对交易标的的整合管控安排及执行情况。五是强化对重组活动的事中事后监管，坚持问题导向，强化交易所"一线监管"职责，除对发行股份购买资产申请依法审核外，交易所还可以针对"现金重组"项目通过问询、现场检查、现场督导、要求独立财务顾问和其他证券服务机构补充核查并披露专业意见等方式进行自律管理，并就严重违反《上市公司重大资产重组管理办法》等情形上报证监会采取相关措施，防范和查处违规交易，切实维护上市公司和股东权益。六是进一步压实独立财务顾问责任，强化独立财务顾问的持续督导责任，将督导期的起算时点统一调整为"重大资产重组实施完毕之日"，为防止督导"空窗期"，规定持续督导期限届满后，仍存在尚未完结的重大事项的，独立财务顾问应当继续履行督导职责。七是调整停牌要求，按照"不停牌为原则、停牌为例外"的导向，完善了重组信息管理的有关规定，明确了上市公司筹划不涉及发行股份的重大资产重组应当分阶段披露相关情况，不得申请停牌。八是强调上市公司购买的资产应符合相关板块定位。

上交所和深交所分别发布了《上海证券交易所上市公司重大资产重组审核规则（征求意见稿）》和《深圳证券交易所上市公司重大资产重组审核规则（征求意见稿）》，主要修订内容如下：一是对规则适用范围进行适应性调整，涉及发行股份购买资产的，上市公司应当向证券交易所提出申请。证券交易所设立并购重组委员会审议上市公司发行股份购买资产申请。据此，交易所相应调整了重组审核程序的适用范围，并明确了并购重组委员会的审议内容。二是参照主板首次公开发行上市条件，增加主板重组上市标的资产的条件。三是强化中介机构归位尽责要求，删除中介机构立案调查与业务受理、中止审核挂钩的规定。四是明确快速审核机制适用标准，对于符合条件的重组申请，可以减少问询轮次和问询数量，优化审核内容，提高审核效率。五是完善审核程序相关情形，明确上市公司、独立财务顾问（上交所还包括证券服务机构）等在发行股份购买资产方案披露后至申报前（上交所还包括首轮审核问询发出后），可以就重组审核业务事项向交易所重组审核机构进行咨询沟通，增加独立财务顾问主动撤回申请文件即触发终止审核情形。

在重大资产重组信息披露要求的变化方面，主要调整体现在：一是落实全面实行注册制要求，适应性调整有关条款：明确上市公司应向证券交易所报送申请文件，并根据证券交易所的审核问询补充、修订材料；取消报送纸质原件，改为通过证券交易所业务系统报送电子文件，律师事务所对电子文件与纸质原件的一致性出具鉴证意见。二是兼容板块定位差异，增加科创板、创业板特别披露要求：明确要求科创板、创业板上市公司说明独立财务顾问核查本次交易是否符合证监会关于重大资产重组对板块定位的要求；细化拟购买资产核心技术与核心技术人员的披露要求；拟购买资产的业务及其模式具有创新性的，要求披露其独特性、创新内容及持续创新机制。三是优化重组报告书，减少重复冗余披露：明确规定重组信息披露文件和申请文件相关部分可以采用相互引证的方法避免重复、保持简洁；精简"重大事项提示"章节，以表格列示要点重点，强化提示效果；以投资者需求为导向，整合或删减重复披露要求，理顺行文逻辑，精简文件篇幅。四是完善财务信息披露要求，提高披露针对性：明确上市公司应结合自身业务、模式，有针对性地披露重要会计政策和会计估计；完善收益法评估披露要求；细化对交易标的财务状况与盈利能力的分析，增加成本、费用、销售模式等披露要求，增强与投资决策的相关性；强化本次交易后上市公司商誉占比等有关信息披露，充分揭示商誉相关风险；明确要求披露本次交易有关的企业合并会计政策及会计处理。五是结合审核实践，细化常见问题披露要求：例如，逐项列举发行可转债的信息披露要点，指明上市公司披露和中介机构核查的方向；又如，针对标的失控、高杠杆并购、IPO被否资产"绕道"重组等问题，进一步强化整合管控安排的披露要求，并新增并购资金来源、交易标的前期IPO或重组被否情况的披露要求，全面揭示项目风险。

B.5 沪深并购监管逻辑分析

通过梳理沪深上市公司的并购实践以及监管制度的变迁，可将两市的监管逻辑总结为以下几点：

1.日常监管中高度重视对中小股东权益的保护

在我国证券市场中，中小投资者贡献了80%以上的交易额，但是由于中小投资者处于公司治理边缘，信息劣势明显，其权利极易受到侵害也经常受到侵害。核准制下，上市公司的并购也多是大股东发起或主导的[①]，由于"一股独大"等现象存在、交易双方地位不对等导致交易作价不尽合理，借壳方或主导并购的大股东有对注入资产高估而挤占中小股东权益的利益驱动，并购定价机制市场化程度不高，从而导致中小投资者往往不能参与并购的决策，但却要承担并购的结果。因此在并购的监管实践中，长期将保护中小投资者的利益放在首位。

一方面，不断加强对借壳上市的监管力度，避免借壳方注入不良资产侵占中小股东的权益。例如，2011 年 6 月明确"借壳上市"的标准与 IPO 标准接近；2014 年 3 月明确将借壳视作 IPO 监管；2016 年 9 月，将借壳上市的认定标准在资产总额指标基础上增补资产净额、营业收入、净利润、股份等指标。另一方面，对大股东持股的锁定期严加管制，防止大股东借并购炒高股价后减持损害中小股东利益。例如，2016 年 9 月对"借壳上市"新进入的非控股股东限售期从 12 个月延长至 24 个月，新进入的控股股东则为 36 个月；2020 年 3 月，将上市公司收购中收购人所持股份的锁定期从 12 个月延长至 18 个月。

此外，监管还曾强制要求上市公司提供拟购买资产的盈利预测报告，也曾强制要求盈利承诺和补偿，这些措施也是出于对中小股东权益的保护。从这个角度出发，在并购重组的相关审核中，监管除了关注合规性、信息披露充分性外，还关注估值合理性、预期利润可实现性、后续整合效果等。

2. 坚持市场化原则，不断完善并购重组制度

随着股权分置改革的完成和资本市场基础制度的完善，我国并购重组市场化改革不断深化。

一方面，不断丰富上市公司市场化并购重组的融资方式和支付方式。2011 年修订的《上市公司重大资产重组管理办法》，允许上市公司在发行股份购买资产时向特定对象发行股份进行融资；2014 年修订的《上市公司重大资产重组管理办法》允许上市公司向特定对象发行可转债用于购买资产或者与其他公司合并。另一方面，不断优化资产交易的市场化定价规则。例如，2014 年放宽发行股份购买资产

---

① 主要体现为非上市资产的证券化和借壳上市两种。

定价的选择空间，允许交易各方基于交易实质、交易各方权利义务等因素协商约定标的资产价格，允许上市公司对不同交易对方支付不同的交易对价；取消了非同一控制下并购重组交易中强制交易对方做出业绩承诺要求，交易双方可基于商业判断对对赌条款进行灵活的设计，在保证各自基本利益诉求的基础上，更有利于并购重组完成后的后续整合。

同时，监管不断落实"简政放权"，并购重组审核效率大幅提高。2012年以来，证监会先后取消股份回购、收购报告书备案、要约收购豁免等行政许可，对不构成重组上市、不涉及发行股份的重大资产重组取消事前审批。2013年，证监会开始推行并购重组"分道制"审核，将并购重组申请分别划入"豁免/快速""正常""审慎"三条审核通道，实行"扶优限劣"。2014年取消现金购买资产的行政许可。2018年推出"小额快速"并购重组审核机制，对符合条件的5亿元以下交易实行"小额快速"安排，直接由并购重组委审议，平均审核用时约60天，低于法定期限。通过简政放权、构建市场化的并购重组制度，90%的并购交易已经无须证监会审批，上市公司自主决策后即可实施。

3.并购监管在"有形与无形之手"的博弈中寻找平衡

鉴于我国资本市场成立之初的特殊性，在相当长一段时间内，上市公司属于"稀缺资源"，即使公司盈利不佳，但由于"上市公司"这个身份价值不菲，所以在核准制下，绩差公司保壳型并购重组时常发生。

业绩不佳的上市公司往往会通过不良资产剥离，优质资产注入，股东或第三方现金赠与，地方政府提供财政补贴，出售子公司、固定资产、无形资产，更改会计政策，调节财务报表等方式保住公司的"壳"价值。但是，很多保住壳的上市公司后续发展依然不尽如人意。例如，2013年依靠出售林木资产成功保壳的*ST景谷，在摘帽次年即又亏损，2016年再次面临退市风险，依靠控股股东的债务豁免、云南当地财政局的补助支持，再次勉强过关。

保壳型并购重组阻碍了资本市场吐故纳新，还容易滋生财务造假、操纵市场、内幕交易等行为，不利于资本市场资源配置功能的发挥。但是，上市公司的退市，又涉及上市公司所在地经济发展以及上市公司职工权益保护等问题，特别是在核准制下，地方政府有强烈的保壳重组动机，当宏观经济环境不好时，对保壳型并购的监管往往就容易向"有形之手"妥协。例如，1999年我国经济增长速度呈逐季下滑的走势，少数上市公司已经积聚退市风险，证监会于2000年6月将重大资产重组的事前证监会审批制更改为事后备案制，从而活跃了绩差公司的资产重组。然而，随后发生的利益侵占、内幕交易等事件，使得证监会不得不于2001年12月将重大资产重组由事后备案制改为事中审批备案制。

附录C：我国并购重组市场交易结构要素分析

C.1 支付方式

并购重组的支付方式主要包括现金支付、股票支付、其他证券支付、混合支付、资产置换和政府无偿划转这几种方式。其中，其他证券支付包括优先股、可转债、存托凭证等支付方式；混合支付是指采用多种支付手段来取得目标公司的控制权，可以弥补单独使用某种支付手段的缺点，形式多样灵活，是并购重组中较常采用的一种方式。

以美国市场为例，大部分并购交易以现金支付，但是其中只有部分来自收购方的自有资金，并购债、并购基金等新型融资工具的使用有效助力了美国并购市场的快速成长。同时，可转债、优先股等多元金融工具在美国市场的广泛使用，满足了不同交易主体的多元化需求，也推动了并购市场的发展。

并购支付手段种类多样，在具体选择的时候重点考虑因素包括：交易规模、上市公司股权结构及控股股东控制权情况、上市公司估值及市盈率情况、上市公司资本结构和资金充裕程度及其融资能力、交易对手方的角色及诉求、交易双方的税负考虑、审核程序及审核时间、并购后整合等。同时，支付手段的不同，使得并购对上市公司的财务状况、股权结构、未来经营也会产生不同影响。具体如下：

1.现金支付

2014年11月，证监会发布《上市公司重大资产重组管理办法》（2014年修订），取消对不构成重组上市的现金重组的行政审批[①]。这激发了上市公司实施并购

[①] 非行政许可类重组交易（现金重组），是指交易达到重大资产重组标准且上市公司以现金作为支付对价的购买资产交易行为，包含现金收购、出售或资产置换等。行政许可类重组交易，是指构成《上市公司重大资产重组管理办法》第十三条重组上市情形或者采用发行股份、定向可转债等特殊支付手段购买资产的交易行为。

重组的积极性，提升了重组效率，有效促进了上市公司借助并购重组实现外延式发展。现金支付因程序简单，无须证监会审核，审核压力相对小，并购周期较短，一般适用于交易规模相对较小的收购。

2023年2月，《上市公司重大资产重组管理办法》（2023年修订）的修订对于信息披露的完整及详细程度有了更高的要求，《公开发行证券的公司信息披露内容与格式准则第26号——上市公司重大资产重组（修订草案征求意见稿）》（2023年修订）中也对相关信息披露的格式及内容指引有了相应更改，其中第七条规定"上市公司支付现金购买资产的，应当披露资金来源"。

现金支付通常具有以下特点：一是收购方没有新发股份从而摊薄每股收益，因此收购方原股东权益不会被稀释。二是目标公司收益确定，标的公司的股东能够及时得到股权转让的收入，卖方可实现及时退出，且无须承担股权贬值风险，上市公司股价走势对于交易进程影响较小。三是较少约定业绩承诺条款，交易对手对标的公司后续经营效益承担的义务更少，未约定业绩补偿条款有利于交易双方达成协议，但是如何保障上市公司的利益，绑定交易对方促进整合、实现共同利益，成为并购交易的难点。因此未设置业绩承诺是否有利于保障上市公司利益，业绩承诺（如有）是否具有可实现性，是否存在分期付款安排，以及分期付款安排与业绩承诺是否匹配等，成为监管审核的关注点。四是若收购方自有资金规模及变现能力有限，使用现金支付对价将直接限制并购的规模、并购标的的可选范围。五是较多借助杠杆资金，现金重组资金需求量较大，上市公司一般通过第三方借款来填补资金缺口，在完成现金收购后部分上市公司的资产负债率也有一定程度的增加。高企的资产负债率可能会影响公司后续融资能力或者提高资金成本，增加财务风险，增加方案的不确定性，因此收购资金来源、综合资金成本、杠杆比例、上市公司财务风险以及是否附带其他义务等是监管审核的关注要点。六是对标的方股东而言，现金支付会带来较重的所得税负担，而且也无法享受未来股价提升的收益。

2.股票支付

相较纯现金支付的方式，股票支付因增发新股程序相对复杂、耗时较长，多适用于并购周期较长、并购规模较大的交易。

发行股份购买资产通常包括三种形式：全部发行股份支付、发行股份+配套融资支付、发行股份+自有资金支付。《上市公司重大资产重组管理办法》（2023年修订）第四十四条规定："上市公司发行股份购买资产的，可以同时募集部分配套资金，其定价方式按照相关规定办理。"上市公司若采用发行股份方式并购目标公司，可进行配套融资，用于支付部分并购对价、交易费用、在建项目或补充流动资金等；通过配套融资，可以灵活调整上市公司实际控制人与目标公司股东未来所持上市公司股权比例的差距，保证上市公司实际控制人的控股地位。

《上市公司重大资产重组管理办法》（2023年修订）第四十五条规定："上市公司发行股份的价格不得低于市场参考价的80%。市场参考价为本次发行股份购买资产的董事会决议公告日前20个交易日、60个交易日或者120个交易日的公司股票交易均价之一。本次发行股份购买资产的董事会决议应当说明市场参考价的选择依据。前款所称交易均价的计算公式为：董事会决议公告日前若干个交易日公司股票交易均价＝决议公告日前若干个交易日公司股票交易总额÷决议公告日前若干个交易日公司股票交易总量"。

股票支付通常具有以下特点：一是可以避免收购方大量流动资金被占用，从而减轻企业资金压力，降低营运风险和财务风险，客观上增加了标的规模等的选择范围，适用于上市公司资金紧张、融资能力较弱的情形。二是采用股票支付的交易双方可以享受关于所得税处理的优惠政策，选择递延或滞后纳税，从而缓解并购双方的税负压力。三是标的公司原股东持有上市公司股份，收益也受到收购股价的影响，与上市公司实现了利益捆绑，上市公司则可以通过对新增发股票的锁定期安排来控制主要交易对方获得交易对价的实际进度和实际价值，以尽量保证标的公司能够按照其承诺业绩发展。四是发行新股会导致收购方原股东收益被稀释，收购方的资本结构也将被改变，对于上市公司控股股东持股比例不高、收购标的体量较大的情形，控制权稳定性往往成为审核关注的重点。

3.定向可转债

根据《上市公司证券发行注册管理办法》（2023年修订），定向可转债是指上市公司依法发行、在一定期间内依据约定的条件可以转换成股份的公司债券。债券持有人可以选择按照约定时间、约定价格将债券转换为上市公司股票，也可以选择持有债券并按约定时间、约定利率兑付本息。

2014年3月，国务院发布《关于进一步优化企业兼并重组市场环境的意见》（国发14号），明确"允许符合条件的企业发行优先股、定向发行可转换债券作为兼并重组支付方式"。2014年6月，证监会修订发布《上市公司重大资产重组管理办法》，规定上市公司可以向特定对象发行可转债用于购买资产或者与其他公司合并。2018年11月，证监会提出试点定向可转债作为并购重组支付手段，支持包括民营控股上市公司在内的各类企业通过并购重组做优做强。

根据《上市公司证券发行注册管理办法》（2023年修订），上市公司发行可转债，应当符合下列规定：具备健全且运行良好的组织机构；最近三年平均可分配利润足以支付公司债券一年的利息；具有合理的资产负债结构和正常的现金流量；交易所主板上市公司向不特定对象发行可转债的，应当最近三个会计年度盈利，且最近三个会计年度加权平均净资产收益率平均不低于6%；净利润以扣除非经常性损益前后孰低者为计算依据。

此外，《公开发行证券的公司信息披露内容与格式准则第26号——上市公司重大资产重组（修订草案征求意见稿）》（2023年修订）中第六十条也新增对发行可转债购买资产的信息披露内容要求，包括：上市公司拟发行可转债的种类、面值；上市公司拟发行可转债的数量；可转债的期限、利率及确定方式、还本付息期限及方式、评级情况（如有）；可转债的初始转股价格及确定方式、转股期限、转股价格调整的原则及方式；可转债的其他基本条款，包括赎回条款（如有）、回售条款（如有）等；债券持有人保护的相关约定，包括受托管理事项安排、债券持有人会议规则，构成可转债违约的情形、违约责任及其承担方式，以及可转债发生违约后的诉讼、仲裁或其他争议解决机制等；特定对象所持可转债及转股后股份的转让或交易限制，股东关于锁定所持股份的相关承诺。

可转债兼具股性和债性。与一般债券和银行贷款相比，定向可转债成本更低；与定增相比，定向可转债的发行程序更加简便灵活。新增定向可转债作为并购重组支付工具有利于弱市环境下并购重组回暖。2018年11月8日，A股上市公司并购首例定向可转债方案出台，赛腾股份发布《发行可转换债券、股份及支付现金购买资产并募集配套资金预案》，以发行定向可转换债券的方式支付交易对价的60%，即12 600万元；以现金方式支付交易对价的30%，即6 300万元；以发行股份的方式支付交易对价的10%，即2 100万元。

对于上市公司而言，上市公司在并购重组中定向发行可转换债券作为支付工具，有利于增加并购交易谈判弹性，为交易提供更为灵活的利益博弈机制，有利于缓解上市公司现金压力及大股东股权稀释风险，丰富并购重组融资渠道。对于交易对方而言，可锁定股价波动风险，在有保底的情况下还能享有未来转股带来的潜在增值收益，既享有安全性又具有未来收益可能性。

4. 优先股

优先股是指依照公司法，在一般规定的普通种类股份之外，另行规定的其他种类股份，其股份持有人优先于普通股股东分配公司利润和剩余财产，但参与公司决策管理等权利受到限制。

国务院 2013 年 11 月 30 日发布的《关于开展优先股试点的指导意见》明确规定，优先股可以作为并购重组支付手段。中国证监会《优先股试点管理办法》（2023 年修订）第五十七条规定："上市公司可以按照《上市公司重大资产重组管理办法》（2023 年修订）规定的条件发行优先股购买资产，同时应当遵守本办法第三十三条，以及第三十五条至第三十八条的规定，依法披露有关信息、履行相应程序。"第五十八条规定："上市公司发行优先股作为支付手段购买资产的，可以同时募集配套资金。"

优先股可根据并购双方的需求灵活设计，嵌入个性化条款，解决企业并购重组的实际困难，支持企业兼并重组活动。对收购方而言，该方式一是不会挤占营运资金；二是优先股无表决权，避免了发行股票产生的控制权转移。对于目标公司股东而言，优先股具有普通股票的大部分特点，同时又具有获得固定收益的性质，在交易中容易被采纳。

5. 存托凭证

2020 年 3 月出台的新《证券法》第十二条规定"公开发行存托凭证的，应当符合首次公开发行新股的条件以及国务院证券监督管理机构规定的其他条件"，明确将存托凭证列为法定证券品种。《上市公司重大资产重组管理办法》（2023 年修订）第四十九条"上市公司可以向特定对象发行存托凭证用于购买资产或者与其他公司合并"，为上市公司使用新《证券法》规定的支付工具作为重组支付对价提供了制度支持。

《存托凭证发行与交易管理办法（试行）（修订草案征求意见稿）》（2023 年修订）第十四条规定："境外基础证券发行人实施重大资产重组、发行存托凭证购买资产的，应当符合法律、行政法规以及中国证监会规定。境外基础证券发行人不得通过发行存托凭证在中国境内重组上市。"该政策进一步增加了支付便利性；对于一些境外上市、拟在国内进行并购的企业，由于其不能直接在国内发行股份，因此可在国内发行存托凭证，既可以减缓现金支付的压力，也可以通过这种方式促进收购尽快达成。

6.无偿划转

《企业国有产权无偿划转管理暂行办法》（国资发产权〔2005〕239号）第二条规定："本办法所称企业国有产权无偿划转，是指企业国有产权在政府机构、事业单位、国有独资企业、国有独资公司之间的无偿转移。"无偿划转是我国特有的并购方式，政府通过行政划拨手段将目标企业的控制权在两个国有资产主体之间无偿划转，收购方无须支付任何对价。无偿划转具有交易成本低、并购过程迅速的特点，但带有计划经济色彩，一般出现在国资系统内企业的改革中。

国有非独资企业国有资产无偿划转需要遵循《关于印发〈企业国有产权无偿划转管理暂行办法〉的通知》（国资发产权〔2005〕239号）、《关于印发〈企业国有产权无偿划转工作指引〉的通知》（国资发产权〔2009〕25号）和《关于促进企业国有产权流转有关事项的通知》（国资发产权〔2014〕95号）等规定。

7.资产置换

资产置换是指上市公司的控股股东以优质资产或现金置换上市公司的呆滞资产，或以主营业务资产置换非主营业务资产等情况，包括整体资产置换和部分资产置换等形式。资产置换可以节省大量现金，资产置换后，公司的产业结构将得以调整，资产状况将得以改善，公司经营效率也得以提升。

C.2 融资模式

企业成功实施并购需要资金支持，多样化的融资渠道、充足的资金和高效的资本运作是企业成功并购的重要因素。2014年5月8日，国务院印发了《关于进一步促进资本市场健康发展的若干意见》，其中在发展多层次股票市场的意见部分，专门提出"鼓励市场化并购重组，充分发挥资本市场在企业并购重组过程中的主渠道作用，强化资本市场的产权定价和交易功能，拓宽并购融资渠道"。

根据融资渠道的不同，并购融资方式可以分为内部融资和外部融资（详见表C-1）。内部融资的资金来源是企业自身生产经营活动积累的资金，使用自有资金具有简便快捷的特点，而且不涉及发行中介费用，一般适用于规模较小的收购或者自有资金充裕的企业。外部融资是指企业通过某种方式从企业外部筹集所需资金，具体可以分为债务融资和权益融资。在债务融资中，企业可以通过借贷的方式从商业银行、信托公司等金融机构获得贷款或者发行公司债券、票据或可转换债券等方式筹集资金。债务融资不会稀释控股股东的股权，而且由于利息可以抵税而带来税盾收益，但是如果公司陷于财务困境也有可能面临无力还本付息的风险。权益融资指企业通过发行股票的方式获得资金。权益融资的资金可以长期使用，没有还本付息的压力，但是会导致原有股东股权稀释，资金成本相对于债务融资也较高，一般适合前景较好但资金欠缺的成长性公司、大金额收购或者公司市值高估的公司。此外，上市公司也会采用混合融资的方式，通过多种渠道筹措资金。

表 C-1 　　　　　　　　　　　融资渠道分类

内部融资		企业自身生产经营活动积累的资金
外部融资	债务融资	①商业银行、信托公司、证券公司等金融机构贷款
		②发行票据、公司债券
	权益融资	配股、公开增发、定向增发
	股债结合类	可转换债券、优先股

资料来源：华泰证券。

企业在筹集资金时，需要重点考虑交易方案中的融资结构问题，即由不同渠道取得的资金之间的有机构成及其比重关系，主要包括权益资本与债务资本的比例关系，长期融资和短期融资的比例关系，各种融资方式和融资类型间的比例关系。在选择融资模式时，上市公司也应权衡融资成本的高低、融资风险的大小和对公司治理的影响，具体而言：其一，融资成本的高低，根据优序融资理论，企业应该首先选择资金成本较低的内部资金，再选择资金成本较高的外部资金。在选择外部资金的时候，首选具有财务杠杆效应的债务资金，次选资金成本高的权益资金；其二，融资风险的大小，过多的债务性资金会导致企业负债率的升高，财务风险加大，而权益性融资过大也有可能导致原股东控制权的丧失。此外在并购成功后还面临着项目投资收益能否弥补融资成本的问题，所以需要提前对融资风险进行多方面衡量和测算；其三，对企业公司治理的影响，权益融资和债务融资会对企业资本结构产生影响，从而影响公司的治理结构，所以在选择融资模式的时候要预先考虑到这一部分因素，根据企业特点选择合适的方式。

国外成熟市场中，并购资金来源包括并购基金、并购贷款、高收益债券、衍生金融工具等，其中贷款和高收益债券是并购资金的重要组成部分。而目前我国的并购资金来源更多是企业自有资金和并购基金募集资金，投资过程中仅两成左右并购基金使用了配套融资工具。在我国，目前来看，有如下几种并购融资方式值得关注：

1.并购基金

并购基金是私募股权投资基金的分支之一。一般认为，并购基金是用于获取标的企业的控制权、控制目标公司的董事会，并且对于目标公司的发展战略和公司治理有着绝对影响力的私募股权基金。并购基金的盈利模式包括但不局限于以下类型：对标的企业资本结构的重塑盈利，对标的企业资产的重组与分拆盈利，对标的企业的公司治理改善盈利，以及对标的企业的运营改善盈利。

并购基金的作用如下：一是减轻上市公司资金压力。在并购交易中，如果标的股东不愿意承担上市公司的股价波动风险、境外交易对手不愿意持有 A 股或者持有 A 股有现实上的困难、标的股东已陷入债务困境并希望通过出售优质资产获得现金等，标的股东通常要求全现金支付，上市公司可能需要承担较大的资金压力。并购基金此时承担的多是"过桥收购"的角色，在运作时普遍使用较高的财务杠杆，以减轻上市公司的资金压力。二是避免影响上市公司的经营业绩。如果目标企业还处于初创期，过早地并入收购方可能会影响母公司的经营业绩。上市公司此时便可以发起设立并购基金，引入第三方资金共同收购标的公司，然后对被收购公司进行必要的管理和整合，待企业业绩向好之后通过上市、转售或者上市公司回购的方式退出。三是为上市公司引入战略投资者。上市公司可以与战略投资者合作成立并购基金，后续通过发行股份方式收购战略投资者持有的并购基金份额，从而使得战略投资者成为上市公司的重要股东。一般来说，战略投资者有着较强的募资能力、丰富的资本运作经验、极佳的战略眼光，可以在挑选标的、设计交易结构、募集资金、投后管理方面协助上市公司，从而可以降低并购的风险，实现上市公司通过并购提升企业价值的目的。

2.并购贷款

2013年7月，《国务院办公厅关于金融支持经济结构调整和转型升级的指导意见》（国办发〔2013〕67号）出台，明确提出对实施产能整合的企业，要通过探索发行优先股、定向开展并购贷款、适当延长贷款期限等方式，支持企业并购重组。为了支持我国企业的战略性并购，国家鼓励商业银行向符合条件的有关公司发放并购贷款。2015年3月，银保监会（现国家金融监督管理总局）修订并发布《商业银行并购贷款风险管理指引》，要求银行业金融机构要积极支持优化产业结构，按照依法合规、审慎经营、风险可控、商业可持续的原则，积极稳妥开展并购贷款业务，提高对企业兼并重组的金融服务水平。主要修订内容如下：一是适度延长并购贷款期限。由于不同并购项目投资回报期各不相同，部分并购项目整合较复杂，产生协同效应时间较长，因而此次修订将并购贷款期限从5年延长至7年；二是适度提高并购贷款比例。考虑到银行贷款是并购交易的重要融资渠道，在当前并购交易迅速发展的形势下，为合理满足并购重组融资需求，此次修订将并购贷款占并购交易价款的比例从50%提高到60%；三是适度调整并购贷款担保要求。此次修订将担保的强制性规定修改为原则性规定，同时删除了担保条件应高于其他种类贷款的要求，允许商业银行在防范并购贷款风险的前提下，根据并购项目风险状况、并购方企业的信用状况合理确定担保条件。

根据《商业银行并购贷款风险管理指引》，商业银行并购贷款可用于支付上市公司以受让现有股权、认购新增股权，或收购资产、承接债务等方式实现合并或实际控制已设立并持续经营的被收购公司的交易对价。商业银行在设计并购贷款融资结构的时候，会关注收购人并购贷款以外资金的筹措来源、筹措方式、还款计划等。

3.发行股份募集配套资金

为了提高重组项目整合的绩效，《上市公司重大资产重组管理办法》（2023年修订）规定，上市公司发行股份购买资产的，可以同时募集配套资金。所募集资金比例不超过交易金额的100%的，一并由并购重组审核委员会进行审核；超过100%的，一并由发行委员会审核。募集配套资金可用于支付并购交易中的现金对价、相关交易税费和中介费用以及企业相关项目建设等。这一规定缓解了企业并购过程中的资金压力，使得企业可以更好地将其余资金用于企业整合。也正因为有这些优点，企业在并购重组中募集配套资金的交易方案实际应用较多。

C.3 估值定价

在现行的《上市公司重大资产重组管理办法》框架下，标的资产的估值依据有两种：一种是以具有证券从业资格的资产评估机构出具的资产评估结论为依据，另一种是以估值机构出具的估值报告为依据。以资产评估为依据的，要受到资产评估法及相关行业准则规范的约束，相对更容易获得监管部门及市场的认可，也是目前最主流的方式。

市场化并购中估值定价并不是独立的、单一的要素，而是与上市公司本身的股价、拟定的股份发行价格、标的公司所处的行业成长性、盈利预测、增长率、方案设计、支付结构、锁定期、业绩承诺、会计处理、税收等因素密切关联，所以交易各方要从多个角度来综合评判，以确定合理的交易价格。

C.3.1 并购重组中的主要估值方法

目前国内对并购重组中涉及企业价值的评估主要包括三种方法：资产基础法（成本法）、市场法和收益法，具体如下：

1.资产基础法（成本法）

企业价值评估中的资产基础法，是指以被评估企业评估基准日的资产负债表为基础，合理评估企业表内及表外各项资产、负债价值，确定评估对象价值的评估方法，也称成本法。

资产基础法是从资产的再取得途径考虑的，基本思路是按现行条件重建或重置被评估资产，潜在的投资者在决定投资某项资产时，所愿意支付的价格不会超过购建该项资产的现行购建成本。因此资产基础法反映的是企业现有资产的重置价值，适用于资产相对稳定、成本可靠的企业。资产基础法的优点是考虑了公司的实物资产，也适用于评估市场上难找到交易参照物的评估对象。

然而，资产基础法也存在一定的不足。一是企业的主要价值除了固定资产、营运资金等有形资源之外，还应包含技术及研发团队优势、服务能力、管理优势等重要的无形资源的贡献。而资产基础法仅对各单项有形资产和可确指的无形资产进行评估，可能存在并非每项资产和负债都可以被充分识别并单独评估价值的情形，不能完全体现各个单项资产组合对整个公司的贡献，也不能完全衡量各单项资产间的互相匹配和有机组合因素可能产生的整体效应。而公司整体收益能力是企业所有环境因素和内部条件共同作用的结果。二是在某些情况下可能会低估目标公司的价值，因为该种方法没有考虑公司的未来盈利能力。

2.市场法

市场法是指将评估对象与可比上市公司或者可比交易案例进行比较，确定评估对象价值的评估方法。在市场法价值评估中，主要估值模型有市盈率模型、市销率模型以及市净率模型。

市场法能够客观反映资产在市场上的价值，由于其估值参数可以直接从市场获得，评估结果更能反映市场价值的真实情况。其次，由于评估信息来自近期频繁交易的活跃市场，其评估结果易于被各方面理解和接受。因此，市场法估值是资产评估方法中最直接、最贴近市场真实情况的评估方法。适用市场法的前提条件是存在一个发育成熟、公平活跃的公开市场，且市场数据比较充分，在公开市场上有可比的交易案例。

同时，市场法也存在弊端。一是利用市场法估值需要有活跃的公开市场，所以有时会因为缺少可比企业或缺少可比数据而难以应用。二是市场法不适用于专业性较强的设备和大部分的无形资产，以及受地区、环境等严格限制难以找到公开活跃市场的资产的评估。三是该种方法受市场行情影响大，容易受到季节性波动等因素的影响。

3.收益法

收益法是以未来现金流为基础，通过预测未来现金流的大小、时间和风险等因素，将未来现金流折现到现在的价值，以确定目标公司的估值。

收益法是从资产的预期获利能力的角度评价资产，适用于目标公司具有稳定和可预测的现金流量，能完整体现企业的整体价值，其评估结果具有较好的可靠性和说服力。同时，被评估单位须具备应用收益法评估的前提条件：未来可持续经营、未来收益期限可以预计、股东权益与企业经营收益之间存在稳定的关系、未来经营收益可以预测量化、与企业预期收益相关的风险报酬能被估算计量。

收益法也存在一定的缺陷。一方面，在运用收益法过程中，必须对目标企业的未来收益及其持续时间准确估算，并选择恰当的折现率，这三点在评估时受估值者主观因素和未来不确定性的影响，预测精度对估值结果的影响较大，具有较大的不确定性。另一方面，收益法是在审慎假设的前提下对企业未来现金流进行估算，并按照一定折现率折算成现时价值的一种评估方法，因此收益法不能排除预期之外的宏观经济、产业政策、市场竞争环境等客观事项变化对评估结果的影响。若该等事项发生重大变化，将可能导致评估结果与实际情况不符。

C.3.2　并购重组中与估值定价相关的法律规则

并购重组中与估值定价相关的法律法规摘要详见表 C-2。

表 C-2　　　　　　　　　　并购重组涉及估值定价的法律法规摘要

制度名称	法规内容
《上市公司重大资产重组管理办法》（2023年2月17日修订）	**第十七条** 上市公司应当聘请符合《证券法》规定的独立财务顾问、律师事务所以及会计师事务所等证券服务机构就重大资产重组出具意见。 资产交易定价以资产评估结果为依据的，上市公司应当聘请符合《证券法》规定的资产评估机构出具资产评估报告。 **第二十条** 重大资产重组中相关资产以资产评估结果作为定价依据的，资产评估机构应当按照资产评估相关准则和规范开展执业活动；上市公司董事会应当对评估机构的独立性、评估假设前提的合理性、评估方法与评估目的的相关性以及评估定价的公允性发表明确意见。 相关资产不以资产评估结果作为定价依据的，上市公司应当在重大资产重组报告书中详细分析说明相关资产的估值方法、参数及其他影响估值结果的指标和因素。上市公司董事会应当对估值机构的独立性、估值假设前提的合理性、估值方法与估值目的的相关性发表明确意见，并结合相关资产的市场可比交易价格、同行业上市公司的市盈率或者市净率等通行指标，在重大资产重组报告书中详细分析本次交易定价的公允性。 前两款情形中，评估机构、估值机构原则上应当采取两种以上的方法进行评估或者估值；上市公司独立董事应当出席董事会会议，对评估机构或者估值机构的独立性、评估或者估值假设前提的合理性和交易定价的公允性发表独立意见，并单独予以披露

续表

制度名称	法规内容
《上海证券交易所上市公司重大资产重组审核规则》（2023年2月17日修订）	第八条 科创板上市公司实施重大资产重组的，拟购买资产应当符合科创板定位，所属行业应当与科创板上市公司处于同行业或者上下游，且与科创板上市公司主营业务具有协同效应。 第十六条 科创板上市公司应当充分披露拟购买资产是否符合科创板定位，所属行业与科创板上市公司是否处于同行业或者上下游，与公司主营业务是否具有协同效应。 本规则所称协同效应，是指公司因本次交易而产生的超出单项资产收益的超额利益，包括下列一项或者多项情形：（一）增加定价权；（二）降低成本；（三）获取主营业务所需的关键技术、研发人员；（四）加速产品迭代；（五）产品或者服务能够进入新的市场；（六）获得税收优惠；（七）其他有利于主营业务发展的积极影响。 第二十三条　上市公司应当充分披露本次交易资产定价的合理性，至少包括下列事项： （一）资产定价过程是否经过充分的市场博弈，交易价格是否显失公允； （二）所选取的评估或者估值方法与标的资产特征的匹配度，评估或者估值参数选取的合理性； （三）标的资产交易作价与历史交易作价是否存在重大差异及存在重大差异的合理性； （四）相同或者类似资产在可比交易中的估值水平； （五）商誉确认是否符合企业会计准则的规定，是否足额确认可辨认无形资产
《公开发行证券的公司信息披露内容与格式准则第26号——上市公司重大资产重组》（2022年修订）	第二十四条 重大资产重组中相关资产以资产评估结果或估值报告结果作为定价依据的，应当至少披露以下信息： （一）评估或估值的基本情况（包括账面价值、所采用的评估或估值方法、评估或估值结果、增减值幅度，下同），分析评估或估值增减值主要原因、不同评估或估值方法的评估或估值结果的差异及其原因、最终确定评估或估值结论的理由。 （二）对评估或估值结论有重要影响的评估或估值假设，如宏观和外部环境假设及根据交易标的自身状况所采用的特定假设等。 （三）选用的评估或估值方法和重要评估或估值参数以及相关依据。具体如下：

制度名称	法规内容
《公开发行证券的公司信息披露内容与格式准则第 26 号——上市公司重大资产重组》（2022 年修订）	1.收益法：具体模型、未来预期收益现金流、折现率确定方法、评估或估值测算过程、非经营性和溢余资产的分析与确认等。 2.市场法：具体模型、价值比率的选取及理由、可比对象或可比案例的选取原则、调整因素和流动性折扣的考虑测算等。 3.资产基础法：主要资产的评估或估值方法及选择理由、评估或估值结果等，如：房地产企业的存货、矿产资源类企业的矿业权、生产型企业的主要房屋和关键设备等固定资产、对未来经营存在重大影响的在建工程、科技创新企业的核心技术等无形资产、持股型企业的长期股权投资等。主要资产采用收益法、市场法评估或估值的，应参照上述收益法或市场法的相关要求进行披露。 （四）引用其他评估机构或估值机构报告内容（如矿业权评估报告、土地估价报告等）、特殊类别资产（如珠宝、林权、生物资产等）相关第三方专业鉴定等资料的，应对其相关专业机构、业务资质、签字评估师或鉴定师、评估或估值情况进行必要披露。 （五）存在评估或估值特殊处理、对评估或估值结论有重大影响事项，应当进行说明并分析其对评估或估值结论的影响；存在前述情况或因评估或估值程序受限造成评估报告或估值报告使用受限的，应提请报告使用者关注。 （六）评估或估值基准日至重组报告书签署日的重要变化事项及其对评估或估值结果的影响。 （七）该交易标的的下属企业构成该交易标的最近一期经审计的资产总额、营业收入、净资产额或净利润来源 20% 以上且有重大影响的，应参照上述要求披露。交易标的涉及其他长期股权投资的，应当列表披露评估或估值的基本情况。 第二十五条 上市公司董事会应当对本次交易标的的评估或估值的合理性以及定价的公允性做出分析。包括但不限于： （一）对资产评估机构或估值机构的独立性、假设前提的合理性、评估或估值方法与目的的相关性发表意见。 （二）结合报告期及未来财务预测的相关情况（包括各产品产销量、销售价格、毛利率、净利润等）、所处行业地位、行业发展趋势、行业竞争及经营情况等，详细说明评估或估值依据的合理性。如果未来预测与报告期财务情况差异较大的，应当分析说明差异的原因及其合理性。 （三）分析交易标的后续经营过程中政策、宏观环境、技术、行业、重大合作协议、经营许可、技术许可、税收优惠等方面的变化趋势、董事会拟采取的应对措施及其对评估或估值的影响。

续表

制度名称	法规内容
《公开发行证券的公司信息披露内容与格式准则第26号——上市公司重大资产重组》（2022年修订）	（四）结合交易标的的经营模式，分析报告期变动频繁且影响较大的指标（如成本、价格、销量、毛利率等方面）对评估或估值的影响，并进行敏感性分析。 （五）分析说明交易标的与上市公司现有业务是否存在显著可量化的协同效应；如有，说明对未来上市公司业绩的影响；交易定价中是否考虑了上述协同效应。 （六）结合交易标的的市场可比交易价格、同行业上市公司的市盈率或者市净率等指标，分析交易定价的公允性。 （七）说明评估或估值基准日至重组报告书签署日交易标的发生的重要变化事项，分析其对交易作价的影响。 （八）如交易定价与评估或估值结果存在较大差异，分析说明差异的原因及其合理性。 第二十六条 上市公司独立董事对评估机构或者估值机构的独立性、评估或者估值假设前提的合理性和交易定价的公允性发表独立意见。 第六十五条 上市公司重大资产重组以评估值为交易标的定价依据的，应当披露相关资产的资产评估报告及评估说明。 上市公司重大资产重组不以资产评估结果作为定价依据的，应当披露相关资产的估值报告；估值报告中应包括但不限于以下内容：估值目的、估值对象和估值范围、价值类型、估值基准日、估值假设、估值依据、估值方法、估值参数及其他影响估值结果的指标和因素、估值结论、特别事项说明、估值报告日等；估值人员需在估值报告上签字并由所属机构加盖公章。 资产评估机构或估值机构为本次重组而出具的评估或估值资料中应明确声明在评估或估值基准日后××月内（最长十二个月）有效
《深圳证券交易所上市公司重大资产重组审核规则》（2023年2月17日修订）	第二十一条 创业板上市公司应当充分披露拟购买资产所属行业是否符合创业板定位，或者与上市公司处于同行业或者上下游。 本次交易拟购买资产所属行业如与上市公司处于同行业或者上下游的，上市公司应当披露拟购买资产与上市公司主营业务是否具有协同效应。如具有协同效应的，应当充分说明并披露对未来上市公司业绩的影响，交易定价中是否考虑了上述协同效应；如不具有显著协同效应的，应当充分说明并披露本次交易后的经营发展战略和业务管理模式，以及业务转型升级可能面临的风险和应对措施。

制度名称	法规内容
《深圳证券交易所上市公司重大资产重组审核规则》（2023年2月17日修订）	前款所称协同效应，是指上市公司因本次交易而产生的超出单项资产收益的超额利益，包括下列一项或者多项情形：（一）增加定价权；（二）降低成本；（三）获取主营业务所需的关键技术、研发人员；（四）加速产品迭代；（五）产品或者服务能够进入新的市场；（六）获得税收优惠；（七）其他有利于主营业务发展的积极影响。 第二十三条 上市公司应当充分披露本次交易资产定价的合理性，至少包括下列事项： （一）资产定价过程是否经过充分的市场博弈，交易价格是否显失公允； （二）所选取的评估或者估值方法与标的资产特征的匹配度，评估或者估值参数选取的合理性； （三）标的资产交易作价与历史交易作价是否存在重大差异及存在重大差异的合理性； （四）相同或者类似资产在可比交易中的估值水平； （五）商誉确认是否符合企业会计准则的规定，是否足额确认可辨认无形资产。 第二十七条 创业板上市公司申请发行股份购买资产的，本所还重点关注标的资产所属行业是否符合创业板定位，或者是否与上市公司处于同行业或者上下游，与上市公司主营业务是否具有协同效应

C.4 业绩承诺、补偿与奖励

C.4.1 业绩承诺与补偿政策的适用与变化

2005年开始的股权分置改革中，中国证监会出台了关于业绩承诺的实施办法，规定上市公司在股权分置改革进程中涉及优质资产注入、股权置换以及承担债务等情形下，当上市公司未达到股权分置改革过程中承诺的业绩水平时，上市公司大股东就需要向流通股股东赠送相应比例的股份或者现金作为补偿。以此为起点，上市公司并购重组业绩承诺协议初步形成。

2008年4月，证监会公布的《上市公司重大资产重组管理办法》规定："资产评估机构采取收益现值法、假设开发法等基于未来收益预期的估值方法对拟购买资产进行评估并作为定价参考依据的，上市公司应当在重大资产重组实施完毕后3年内的年度报告中单独披露相关资产的实际盈利数与评估报告中利润预测数的差异情况，并由会计师事务所对此出具专项审核意见；交易对方应当与上市公司就相关资产实际盈利数不足利润预测数的情况签订明确可行的补偿协议。"这标志着重大资产重组业绩承诺制度正式确立。

2011年，证监会对《上市公司重大资产重组管理办法》进行修订，其中第十八条规定，"上市公司购买资产的，应当提供拟购买资产的盈利预测报告。上市公司拟进行本办法第二十八条第一款第（一）至（三）项规定的重大资产重组以及发行股份购买资产的，还应当提供上市公司的盈利预测报告。盈利预测报告应当经具有相关证券业务资格的会计师事务所审核。上市公司确有充分理由无法提供上述盈利预测报告的，应当说明原因，在上市公司重大资产重组报告书（或者发行股份购买资产报告书）中做出特别风险提示，并在管理层讨论与分析部分，就本次重组对上市公司持续经营能力和未来发展前景的影响进行详细分析。"本次修订详细规定了业绩承诺目标、业绩补偿内容和业绩补偿方式等条款的管理办法，保障了业绩承诺协议的法律效力和实施效果，业绩承诺协议也逐渐成为推动上市公司并购重组交易顺利完成的一项重要契约安排。

2014年3月，国务院发布《关于进一步优化企业兼并重组市场环境的意见》（国发〔2014〕14号），明确"非关联企业不再强制要求做出业绩承诺"。2014年10月，证监会发布了再次修订后的《上市公司重大资产重组管理办法》，删除了原管理办法中"上市公司购买资产的，应当提供拟购买资产的盈利预测报告"的相关规定，取消了上市公司向非关联第三方发行股份购买资产的盈利预测补偿的强制性要求。自此，业绩承诺协议开始成为上市公司并购重组市场化的一个鲜明特色。

此后，由于业绩承诺协议在上市公司并购重组实施过程中以及完成之后引发的种种争议，监管层面陆续发布一系列监管问题与解答说明以及对上市公司发布问询函，开始对上市公司并购重组业绩承诺协议采取持续从严的监管态势。2016年1月15日，证监会明确了在上市公司并购重组过程中，无论标的资产是否为上市公司的大股东、实际控制人或者其控制的关联人所有或控制，也无论并购重组交易过程中的对价支付是否基于暂时性安排，上述涉及的并购重组交易参与各方均要以其获得的股份或者现金进行业绩补偿。2016年6月17日，证监会进一步明确了业绩承诺条款不得变更的规定。

C.4.2 涉及业绩承诺与补偿的情形及范围

涉及业绩补偿的情形包括几种情况：一是与交易对方有关，交易对方为上市公司控股股东、实际控制人或者其控制的关联人，无论标的资产是否为其所有或控制，也无论其参与本次交易是否基于过桥等暂时性安排，应当以其获得的股份和现金进行业绩补偿。二是与业绩承诺评估作价方法有关，采用收益现值法、假设开发法等基于未来收益预期的方法对标的资产进行评估作为定价参考依据，上市公司应当在重大资产重组实施完毕后3年内的年度报告中单独披露相关资产的实际盈利数与利润预测数的差异情况，并由会计师事务所对此出具专项审核意见；在交易定价采用资产基础法估值结果的情况下，如果资产基础法中对于一项或几项资产采用了基于未来收益预期的方法，上市公司的控股股东、实际控制人或者其控制的关联人也应就此部分进行业绩补偿。三是构成重组上市的，应当以拟购买资产的价格进行业绩补偿的计算，且股份补偿不低于本次交易发行股份数量的90%，业绩补偿应当先以股份补偿，不足部分以现金补偿。并购重组涉及业绩补偿的法律法规摘要详见表C-3。

表 C-3   并购重组涉及业绩补偿的法律法规摘要

法律法规	具体内容
《上市公司重大资产重组管理办法》（2023年2月17日修订）	第三十五条 采取收益现值法、假设开发法等基于未来收益预期的方法对拟购买资产进行评估或者估值并作为定价参考依据的，上市公司应当在重大资产重组实施完毕后3年内的年度报告中单独披露相关资产的实际盈利数与利润预测数的差异情况，并由会计师事务所对此出具专项审核意见；交易对方应当与上市公司就相关资产实际盈利数不足利润预测数的情况签订明确可行的补偿协议。 预计本次重大资产重组将摊薄上市公司当年每股收益的，上市公司应当提出填补每股收益的具体措施，并将相关议案提交董事会和股东大会进行表决。负责落实该等具体措施的相关责任主体应当公开承诺，保证切实履行其义务和责任。 上市公司向控股股东、实际控制人或者其控制的关联人之外的特定对象购买资产且未导致控制权发生变更的，不适用本条前二款规定，上市公司与交易对方可以根据市场化原则，自主协商是否采取业绩补偿和每股收益填补措施及相关具体安排

续表

法律法规	具体内容
《关于并购重组业绩补偿相关问题与解答》（2016年1月15日）	问题：《上市公司重大资产重组管理办法》第三十五条规定，"采取收益现值法、假设开发法等基于未来收益预期的方法对拟购买资产进行评估或者估值并作为定价参考依据的，……交易对方应当与上市公司就相关资产实际盈利数不足利润预测数的情况签订明确可行的补偿协议"。对于交易对方为上市公司的控股股东、实际控制人或者其控制的关联人，但并不控制交易标的；或者交易定价以资产基础法估值结果作为依据的，应当如何适用？ 答：1.无论标的资产是否为其所有或控制，也无论其参与此次交易是否基于过桥等暂时性安排，上市公司的控股股东、实际控制人或者其控制的关联人均应以其获得的股份和现金进行业绩补偿。2.在交易定价采用资产基础法估值结果的情况下，如果资产基础法中对于一项或几项资产采用了基于未来收益预期的方法，上市公司的控股股东、实际控制人或者其控制的关联人也应就此部分进行业绩补偿
《上市公司监管法律法规常见问题与解答修订汇编》（2015年9月18日）	问题：《上市公司重大资产重组管理办法》第三十五条"交易对方应当与上市公司就相关资产实际盈利数不足利润预测数的情况签订明确可行的补偿协议"应当如何理解？ 答：交易对方为上市公司控股股东、实际控制人或者其控制的关联人，应当以其获得的股份和现金进行业绩补偿。如构成借壳上市的，应当以拟购买资产的价格进行业绩补偿的计算，且股份补偿不低于本次交易发行股份数量的90%。业绩补偿应先以股份补偿，不足部分以现金补偿。 业绩补偿期限一般为重组实施完毕后的三年，对于拟购买资产作价较账面值溢价过高的，视情况延长业绩补偿期限。 《上市公司监管法律法规常见问题与解答修订汇编》同时明确了交易对方以股份、现金等方式进行业绩补偿、资产减值补偿，补偿数量的计算公式

C.4.3 业绩承诺补偿方式

业绩补偿方式主要包括现金补偿、股份补偿、现金与股份混合补偿三种，具体如下：

1.现金补偿

现金补偿是指在业绩承诺期内，当标的公司的业绩目标未能实现时，业绩承诺方将向上市公司按照约定支付一定数额的现金作为补偿。现金补偿方式因对现金支付能力需求较高，一般适用于标的规模不大、并购交易对价系现金支付、交易对方具备现金支付能力的情形。

2.股份补偿

股份补偿方式通常适用于标的估值增值率较大、换股比例高、流动性受限的交易对方。用于补偿的股份可以是标的公司股份，也可以是上市公司股份。在未达到目标公司盈利标准时，则由上市公司以 0 对价或 1 元回购对应的上市公司的新增股份。

根据《监管规则适用指引——上市类第 1 号》（2020 年 7 月 31 日）规定，交易对方以股份方式进行业绩补偿时，按照下列原则确定应补偿股份的数量：

（1）基本公式

①以收益现值法、假设开发法等基于未来收益预期的估值方法对拟购买资产进行评估或估值的，每年补偿的股份数量为：

当期补偿金额=（截至当期期末累积承诺净利润数–截至当期期末累计实现净利润数）÷补偿期限内各年的预测净利润数总和×拟购买资产交易作价–累积已补偿金额

当期应当补偿股份数量=当期补偿金额÷本次股份的发行价格

当期股份不足补偿的部分，应以现金补偿。

采用现金流量法对拟购买资产进行评估或估值的，交易对方计算出现金流量对应的税后净利润数，并据此计算补偿股份数量。

此外，在补偿期限届满时，上市公司应当对拟购买资产进行减值测试，如：期末减值额÷拟购买资产交易作价>补偿期限内已补偿股份总数÷认购股份总数，则交易对方需另行补偿股份，补偿的股份数量=期末减值额÷每股发行价格–补偿期限内已补偿股份总数。

②以市场法对拟购买资产进行评估或估值的，每年补偿的股份数量为：

当期应当补偿股份数量=期末减值额÷每股发行价格–补偿期限内已补偿股份总数

当期股份不足补偿的部分，应现金补偿。

（2）其他事项

按照前述①、②项的公式计算补偿股份数量时，遵照下列原则：前述净利润数均应当以拟购买资产扣除非经常性损益后的利润数确定。前述减值额为拟购买资产交易作价减去期末拟购买资产的评估值并扣除补偿期限内拟购买资产股东增资、减资、接受赠与以及利润分配的影响。会计师应当对减值测试出具专项审核意见，同时说明与本次评估选取重要参数的差异及合理性，上市公司董事会、独立董事及独立财务顾问应当对此发表意见。

在逐年补偿的情况下，在各年计算的补偿股份数量小于0时，按0取值，即已经补偿的股份不冲回。

拟购买资产为非股权资产的，补偿股份数量比照前述原则处理。

拟购买资产为房地产、矿业公司或房地产、矿业类资产的，上市公司董事会可以在补偿期限届满时，一次确定补偿股份数量，无须逐年计算。

（3）上市公司董事会及独立董事应当关注拟购买资产折现率、预测期收益分布等其他评估参数取值的合理性，防止交易对方利用降低折现率、调整预测期收益分布等方式减轻股份补偿义务，并对此发表意见。独立财务顾问应当进行核查并发表意见。

3.现金与股份混合补偿

现金与股份混合补偿（混合补偿）分为先现金后股份的方式和先股份后现金的方式。前者适用于交易对方对标的公司未来业绩有较强信心的情形，一定范围内的业绩补偿以现金为主，超出范围以股份进行补偿；后者则由交易对方以其取得上市公司股份优先承担全部业绩承诺对应的补偿，差额部分以现金补足。

根据《监管规则适用指引——上市类第1号》要求，交易对方为上市公司控股股东、实际控制人或者其控制的关联人，应当以其获得的股份和现金进行业绩补偿。构成重组上市的，应当以拟购买资产的价格进行业绩补偿计算，且股份补偿不低于本次交易发行股份数量的90%。业绩补偿应当先以股份补偿，不足部分以现金补偿。

C.4.4 业绩承诺补偿期限

根据《上市公司重大资产重组管理办法》（2023年修订），上市公司应当在重大资产重组实施完毕后三年内的年度报告中单独披露相关资产的实际盈利数与利润预测数的差异情况；根据《监管规则适用指引——上市类第1号》（2020年7月31日），业绩补偿期限不得少于重组实施完毕后的三年。因此，在一般情况下，业绩承诺期为重组实施完毕后的三年。在特殊情况下，标的行业具有特殊性或交易本身存在特殊性，如跨界收购且标的估值PE倍数很高，需要延长承诺期降低上市公司风险，或者是收购标的核心资产未来盈利不确定性较强的，一般会延长利润补偿期限。

C.4.5　业绩补偿承诺变更

上市公司重大资产重组中，重组方业绩补偿承诺是基于其与上市公司签订的业绩补偿协议做出的，该承诺是重组方案重要组成部分。因此，重组方应当严格按照业绩补偿协议履行承诺。并购重组涉及业绩补偿承诺变更的相关法律法规摘要见表 C-4。

表 C-4　　　　　　　并购重组涉及业绩补偿承诺变更的法律法规摘要

法律法规	具体内容
《深圳证券交易所上市公司自律监管指引第 2 号——创业板上市公司规范运作》（2022 年 1 月 26 日修订）	上市公司及其股东、实际控制人、董事、监事、高级管理人员、收购人、重大资产重组有关各方、公司购买资产对应经营实体的股份或者股权持有人等（以下简称"承诺人"）应当严格履行其做出的各项承诺，采取有效措施确保承诺的履行，不得擅自变更或者解除承诺
《上市公司监管指引第 4 号——上市公司及其相关方承诺》（2022 年 1 月 5 日）	第十二条　【不得变更、豁免的承诺】 承诺人应当严格履行其做出的各项承诺，采取有效措施确保承诺的履行，不得擅自变更或者豁免。 下列承诺不得变更或豁免： （一）依照法律法规、中国证监会规定做出的承诺； （二）除中国证监会明确的情形外，上市公司重大资产重组中按照业绩补偿协议做出的承诺； （三）承诺人已明确不可变更或撤销的承诺。 第十三条　【可以变更、豁免的情形】 出现以下情形的，承诺人可以变更或者豁免履行承诺： （一）因相关法律法规、政策变化、自然灾害等自身无法控制的客观原因导致承诺无法履行的； （二）其他确已无法履行或者履行承诺不利于维护上市公司权益的。 上市公司及承诺人应充分披露变更或者豁免履行承诺的原因，并及时提出替代承诺或者提出豁免履行承诺义务

续表

法律法规	具体内容
《监管规则适用指引——上市类第1号》（2020年7月31日）	上市公司重大资产重组中，重组方业绩补偿承诺是基于其与上市公司签订的业绩补偿协议做出的，该承诺是重组方案的重要组成部分。因此，重组方应当严格按照业绩补偿协议履行承诺。除我会明确的情形外，重组方不得适用《上市公司监管指引第4号——上市公司实际控制人、股东、关联方、收购人以及上市公司承诺及履行》第五条的规定，变更其做出的业绩补偿承诺
《证监会就上市公司并购重组中标的资产受疫情影响答问》（2020年5月15日）	问：目前部分已实施的并购重组项目仍处于承诺期间，但标的资产业绩因受疫情影响较大预计无法完成业绩承诺，是否可以调整，需要履行什么程序？ 答：对于尚处于业绩承诺期的已实施并购重组项目，标的资产确实受疫情影响导致业绩收入、利润等难以完成的，上市公司应及时披露标的资产业绩受疫情影响的具体情况，分阶段充分揭示标的资产可能无法完成业绩目标的风险。在上市公司会同业绩承诺方对标的资产业绩受疫情影响情况做出充分评估，经双方协商一致，严格履行股东大会等必要程序后，原则上可延长标的资产业绩承诺期或适当调整承诺内容，调整事项应当在2020年业绩数据确定后进行。独立财务顾问、会计师等中介机构应当就调整事项的合理性发表明确意见
《关于上市公司业绩补偿承诺的相关问题与解答》（2016年6月17日）	问：上市公司重大资产重组中，重组方做出的业绩补偿承诺，能否依据《上市公司监管指引第4号——上市公司实际控制人、股东、关联方、收购人以及上市公司承诺及履行》的规定进行变更？ 答：上市公司重大资产重组中，重组方的业绩补偿承诺是基于其与上市公司签订的业绩补偿协议做出的，该承诺是重组方案的重要组成部分，因此，重组方应当严格按照业绩补偿协议履行承诺。重组方不得适用《上市公司监管指引第4号——上市公司实际控制人、股东、关联方、收购人以及上市公司承诺及履行》第五条的规定，变更其做出的业绩补偿承诺

C.4.6　业绩补偿保障措施

上市公司重大资产重组中，交易对方拟就业绩承诺做出股份补偿安排的，应当确保相关股份能够切实用于履行补偿义务。如业绩承诺方拟在承诺期内质押重组中获得的、约定用于承担业绩补偿义务的股份（以下简称"对价股份"），重组报告书应当载明业绩承诺方保障业绩补偿实现的具体安排，包括但不限于就以下事项做出承诺：

业绩承诺方保证对价股份优先用于履行业绩补偿承诺，不通过质押股份等方式逃废补偿义务；未来质押对价股份时，将书面告知质权人根据业绩补偿协议上述股份具有潜在业绩承诺补偿义务情况，并在质押协议中就相关股份用于支付业绩补偿事项等与质权人做出明确约定。

上市公司发布股份质押公告时，应当明确披露拟质押股份是否负担业绩补偿义务，质权人知悉相关股份具有潜在业绩补偿义务的情况，以及上市公司与质权人就相关股份在履行业绩补偿义务时处置方式的约定。

独立财务顾问应就前述事项开展专项核查，并在持续督导期间督促履行相关承诺和保障措施。

并购重组涉及业绩补偿保障措施的法律法规摘要见表 C-5。

表 C-5 　　　　　　 并购重组涉及业绩补偿保障措施的法律法规摘要

法律法规	具体内容
《上市公司重大资产重组管理办法》（2023 年修订）	第五十七条 重大资产重组实施完毕后，凡因不属于上市公司管理层事前无法获知且事后无法控制的原因，上市公司所购买资产实现的利润未达到资产评估报告或者估值报告预测金额的 80%，或者实际运营情况与重大资产重组报告书中管理层讨论与分析部分存在较大差距，以及上市公司实现的利润未达到盈利预测报告预测金额 80% 的，上市公司的董事长、总经理以及对此承担相应责任的会计师事务所、独立财务顾问、资产评估机构、估值机构及其从业人员应当在上市公司披露年度报告的同时，在同一媒体上做出解释，并向投资者公开道歉；实现利润未达到预测金额 50% 的，中国证监会可以对上市公司、相关机构及其责任人员采取监管谈话、出具警示函、责令定期报告等监管措施。 交易对方超期未履行或者违反业绩补偿协议、承诺的，由中国证监会责令改正，并可以采取监管谈话、出具警示函、责令公开说明等监管措施，将相关情况记入诚信档案；情节严重的，可以对有关责任人员采取证券市场禁入的措施

续表

法律法规	具体内容
《上海证券交易所股票上市规则》（2023 年 2 月 17 日修订）	上市公司和独立财务顾问应当根据重大资产重组业绩承诺的期限、所涉及股份的锁定期限、配套募集资金使用计划等合理确定持续督导期限。持续督导期届满，上市公司及相关信息披露义务人存在尚未完结的督导事项的，独立财务顾问应当依法依规继续履行督导义务，直至相关事项全部完成。 持续督导期内，独立财务顾问应当督促公司有效控制并整合标的资产，督促重大资产重组有关各方切实履行相关承诺和保障措施。发现交易标的财务会计报告存在虚假记载、重大风险等事项，可能损害公司利益情况的，独立财务顾问应当督促有关各方提供解决方案；情节严重的，应当及时向本所报告
《上海证券交易所上市公司重大资产重组审核规则》（2023 年 2 月 17 日修订）	第二十四条 上市公司应当充分披露本次交易中与业绩承诺相关的信息，至少包括下列事项： （一）业绩承诺是否合理，是否存在异常增长，是否符合行业发展趋势和业务发展规律； （二）交易对方是否按照规定与上市公司签订了明确可行的补偿协议； （三）交易对方是否具备相应的履约能力，在承诺期内是否具有明确的履约保障措施。 第六十七条 上市公司实施重大资产重组，交易对方做出业绩承诺并与上市公司签订补偿协议的，独立财务顾问应当在业绩补偿期间内，持续关注业绩承诺方的资金、所持上市公司股份的质押等履约能力保障情况，督促其及时、足额履行业绩补偿承诺。 相关方丧失履行业绩补偿承诺能力或者履行业绩补偿承诺存在重大不确定性的，独立财务顾问应当督促上市公司及时披露风险情况，并就披露信息是否真实、准确、完整，是否存在其他未披露重大风险发表意见并披露。 相关方未履行业绩补偿承诺或者履行业绩补偿承诺数额不足的，独立财务顾问应当督促上市公司在前述事项发生的十个工作日内，制定并披露追偿计划，并就追偿计划的可行性以及后续履行情况发表意见并披露
《深圳证券交易所创业板股票上市规则》（2023 年 2 月 17 日修订）	上市公司及相关信息披露义务人应当严格遵守承诺事项。公司应当及时将公司和相关信息披露义务人的承诺事项单独公告。 公司应当在定期报告中专项披露上述承诺事项的履行情况。如出现公司或者相关信息披露义务人不能履行承诺的情形，公司应当及时披露具体原因和董事会拟采取的措施

法律法规	具体内容
《创业板上市公司重大资产重组审核规则》（2023 年 2 月 17 日修订）	第二十四条 上市公司应当充分披露本次交易中与业绩承诺相关的信息，至少包括下列事项： （一）业绩承诺是否合理，是否存在异常增长，是否符合行业发展趋势和业务发展规律； （二）交易对方是否按照规定与上市公司签订了明确可行的补偿协议； （三）交易对方是否具备相应的履约能力，在承诺期内是否具有明确的履约保障措施
《深圳证券交易所上市公司自律监管指引第 2 号——创业板上市公司规范运作》（2022 年 1 月 26 日修订）	7.4.4 承诺人做出的承诺事项应当包括下列内容： （一）承诺的具体事项； （二）履约方式、履约时限、履约能力分析、履约风险及防范对策； （三）履约担保安排，包括担保方、担保方资质、担保方式、担保协议（函）主要条款、担保责任等（如有）； （四）履约承诺声明和违反承诺的责任； （五）本所要求的其他内容。 上市公司的实际控制人、股东、关联方、收购人和上市公司在首次公开发行股票、再融资、并购重组以及公司治理专项活动等过程中做出的解决同业竞争、资产注入、股权激励、解决产权瑕疵等各项承诺事项应当有明确的履约时限，不得使用"尽快""时机成熟时"等模糊性词语；承诺履行涉及行业政策限制的，应当在政策允许的基础上明确履约时限。 7.4.6 上市公司股东、交易有关各方对公司或相关资产年度经营业绩做出承诺的，董事会应当关注业绩承诺的实现情况。公司或相关资产年度经营业绩未达到承诺的，公司董事会应当对公司或相关资产的实际盈利数与承诺数据的差异情况进行单独审议，详细说明差异情况及上市公司已采取或者拟采取的措施，督促相关承诺方履行承诺。公司应当在年度报告中披露上述事项，并要求会计师事务所、保荐机构或独立财务顾问（如适用）对此出具专项审核意见，与年度报告同时在符合条件媒体披露。 公司追溯调整相关资产承诺期实际盈利数的，应当及时披露相关情况并明确说明调整后是否实现业绩承诺。相关资产年度业绩未达到承诺的，董事会应当对相关情况进行审议，会计师事务所、保荐机构或独立财务顾问（如适用）应当出具专项审核意见。 7.4.9 承诺人对其所持有的上市公司股份的持有期限等追加承诺的，不得影响其已经做出承诺的履行。承诺人做出追加承诺后两个交易日内，应当通知上市公司董事会并及时公告。 7.4.11 上市公司董事会应当充分关注承诺履行情况，督促承诺人严格遵守承诺。承诺人违反承诺的，董事会应当主动、及时采取措施督促承诺人承担违约责任，并及时披露相关承诺人违反承诺的情况、公司采取的补救措施、进展情况、违约金计算方法及董事会收回相关违约金的情况（如有）等内容

续表

法律法规	具体内容
《上市公司监管指引第4号——上市公司及其相关方承诺》（2022年1月5日）	第十六条 【承诺的承继】 收购人成为上市公司新的实际控制人时，如原实际控制人承诺的相关事项未履行完毕，相关承诺义务应予以履行或由收购人予以承接，相关事项应在收购报告书或权益变动报告书中明确披露。 承诺人做出股份限售等承诺的，其所持有股份因司法强制执行、继承、遗赠等原因发生非交易过户的，受让方应当遵守原股东做出的相关承诺
《关于业绩承诺方质押对价股份的相关问题与解答》（2019年3月22日）	问：对上市公司并购重组业绩承诺方保障业绩补偿义务实现有何要求？ 答：上市公司重大资产重组中，交易对方拟就业绩承诺做出股份补偿安排的，应当确保相关股份能够切实用于履行补偿义务。如业绩承诺方拟在承诺期内质押重组中获得的、约定用于承担业绩补偿义务的股份（以下简称"对价股份"），重组报告书（草案）应当载明业绩承诺方保障业绩补偿实现的具体安排，包括但不限于就以下事项做出承诺：业绩承诺方保证对价股份优先用于履行业绩补偿承诺，不通过质押股份等方式逃废补偿义务；未来质押对价股份时，将书面告知质权人根据业绩补偿协议上述股份具有潜在业绩承诺补偿义务情况，并在质押协议中就相关股份用于支付业绩补偿事项等与质权人做出明确约定。 上市公司发布股份质押公告时，应当明确披露拟质押股份是否负担业绩补偿义务，质权人知悉相关股份具有潜在业绩补偿义务的情况，以及上市公司与质权人就相关股份在履行业绩补偿义务时处置方式的约定。 独立财务顾问应就前述事项开展专项核查，并在持续督导期间督促履行相关承诺和保障措施

C.4.7 业绩奖励

为了激励被收购的目标公司实现业绩承诺，激励目标公司管理层和核心员工提升盈利水平，上市公司并购重组方案中，当标的资产实际盈利数超过利润预测数时，可以设置对交易对方、管理层或核心技术人员的超额业绩奖励。但是，考虑到大股东对标的资产的操控能力较强，为避免进一步助长大股东操纵业绩的动力，引发道德风险，如果交易对方为上市公司控股股东、实际控制人或者其控制的关联人的，不得对上述对象做出奖励安排。

实践中，上市公司会根据具体情况设计不同模式的业绩奖励方式。对于构成重大资产重组的情形，奖励总额不超过交易作价的 20%；而对于不构成重大资产重组的，尽管没有强制的规则要求，通常也参照重大资产重组的标准设置奖励金额上限。并购重组涉及业绩奖励法律法规摘要见表 C-6。

表 C-6　　　　　　　　　并购重组涉及业绩奖励法律法规摘要

法律法规	具体内容
《监管规则适用指引——上市类第 1 号》（2020 年 7 月 31 日）	1-2 业绩补偿及奖励 四、业绩奖励 （一）上市公司重大资产重组方案中，对标的资产交易对方、管理层或核心技术人员设置业绩奖励安排时，应基于标的资产实际盈利数大于预测数的超额部分，奖励总额不应超过其超额业绩部分的 100%，且不超过其交易作价的 20%。 （二）上市公司应在重组报告书中充分披露设置业绩奖励的原因、依据及合理性，相关会计处理及对上市公司可能造成的影响。 （三）上市公司应在重组报告书中明确业绩奖励对象的范围、确定方式。交易对方为上市公司控股股东、实际控制人或者其控制的关联人的，不得对上述对象做出奖励安排。 （四）涉及国有资产的，应同时符合国有资产管理部门的规定